52 WUNDERBARE WOCHENENDEN

Sabine Bohlmann

52 WUNDERBARE WOCHENENDEN

Lustige, verrückte und schöne Ideen
für die ganze Familie

Mit Illustrationen von Jana Moskito

SCHWARZKOPF & SCHWARZKOPF

INHALT

	Vorwort	9
1.	Wunschkonzert	15
2.	Frühling!	19
3.	In zwei Tagen um die Welt	23
4.	Ramadama	30
5.	Tauschwochenende	33
6.	Im Weltall	36
7.	Bei Hofe	40
8.	Tage des Lächelns	46
9.	Das Wohlfühlwochenende	50
10.	Repariertage	57
11.	Regentage	60
12.	Das tierisch gute Wochenende	63
13.	Natur pur	68
14.	Sommer!	72
15.	Zirkuszeit	75
16.	Auf nach Hollywood	80

17.	Das total verrückte Wochenende	84
18.	Ballspiele	87
19.	Huckleberry Finn	91
20.	In der Stadt	95
21.	Macht euch die Welt, wie sie euch gefällt!	98
22.	Wir retten die Welt	103
23.	Mit ohne Geld	108
24.	Das Überraschungswochenende	114
25.	Rosa vs. Blau	117
26.	Unser kleines Café	122
27.	Der Herbst	126
28.	Zeitreise	130
29.	Papperlapapp	135
30.	Familienkunst	140
31.	Auf dem Bahnhof	144
32.	Wir schreiben ein Buch	146
33.	Das zauberhafte Wochenende	151
34.	Das perfekte Dinner	156

35.	Spieletage	160
36.	Sag mal Cheese!	164
37.	Gute Taten	168
38.	Mit ohne Strom	171
39.	Halloween mal anders	175
40.	Winter	177
41.	So ein Theater!	180
42.	Das große Vorlesen	184
43.	Jeder für sich	187
44.	Legobautage	189
45.	Hast du Töne?	191
46.	Gar nichts tun	196
47.	Briefe schreiben	200
48.	Computer und Internet	205
49.	Das total unperfekte Wochenende	211
50.	Geschenketage	213
51.	Das märchenhafte Wochenende	216
52.	Euer ganz eigenes Wochenende	220

Wochenend, Sonnenschein,
brauchst du mehr, um glücklich zu sein?
CHARLES AMBERG

VORWORT

Liebe Familien!

Kennt ihr das? Es ist endlich Wochenende! Oft setzt man große Erwartungen in diese zwei Tage, möchte alles Mögliche unternehmen, weiß gar nicht, wo man anfangen soll, und dann ist es schon wieder vorbei und irgendwie hat man gar nichts Richtiges »geschafft«. Dabei ist es doch ganz schön lang – ein ganzer Samstag und ein ganzer Sonntag!

Wie lange dauert ein Wochenende denn jetzt genau? Lassen wir es am Freitagabend um Punkt 17 Uhr beginnen und am Sonntagabend um 20 Uhr enden, dann dauert ein Wochenende genau: 51 Stunden. Das sind 3.060 Minuten und das sind wiederum 183.600 Sekunden. Klingt ganz schön viel! Und was nun? Dieses Buch soll euch helfen, als Familie wunderbare Wochenenden zu verbringen.

Ich nenne sie bewusst »wunderbar« und nicht »perfekt«, denn was ist schon perfekt? »Perfekt« hängt die Erwartungshaltung noch eine ganze Sprosse höher. Und ist perfekt nicht auch irgendwie langweilig? Ich liebe das Wort »wunderbar«, denn wunderbar kann etwas auch sein, wenn es nicht ganz rund läuft. Vielleicht *gerade* dann, vor allem wenn alle zusammen helfen und etwas, das schiefläuft, wieder geradebiegen. Ja, ich wünsche euch wunderbare Wochenenden. 52 verschiedene. 52 Gebrauchsanweisungen für eine lustige, turbulente, schöne, mal etwas andere, alberne, sinnlose und sinnvolle Wochenendgestaltung.

Doch lasst euch bitte nicht einschüchtern. Die »Gebrauchsanweisungen« müssen nicht von vorn bis hinten befolgt werden. Anders als bei einem Ikearegal hält der Schrank auch, wenn man schon nach dem ersten Regalboden aufhört. Was ich damit sagen will: Meine Wochenendideen sind nur als Anregungen zu verstehen. Vielleicht beginnt ihr das Weltraumwochenende mit dem Bau einer Papprakete und diese finden die Kinder so toll, dass sie bereits jetzt rundum zufrieden sind und den Rest des Tages einfach damit weiterspielen. Am Sonntagabend landen die Kinder mit ihrer Rakete wieder im Kinderzimmer und es hat völlig ausgereicht, dass Papa- oder Mama-Alien ab und zu den Kopf ins Zimmer gesteckt und die Astronauten mit Sternenkeksen versorgt haben.

Bei all meinen 52 Tipps gilt auf jeden Fall die Devise: Weniger ist mehr. Lieber eine Sache genießen, als von einem zum anderen zu hetzen!!! Alles ist erlaubt. Und was ganz besonders erlaubt und empfohlen wird, ist immer wieder: NICHTS TUN! Einfach nichts tun! Die Beine baumeln, fünfe grade sein lassen, abhängen, relaxen, runterkommen vom Alltagsstress, jeden seiner Wege gehen lassen, sehen, wo einen der Tag hinführt, genießen, es sich gemütlich machen, kuscheln und sich auch mal langweilen. Aber zwischen all diesen ruhigen Wochenenden, wenn ihr mal Nägel mit Köpfen (ich sage ja immer gern: Nägel mit Knöpfen) machen wollt, wenn ihr Lust auf einen Ausflug, ein Abenteuer oder etwas ganz Verrücktes habt, dann könnt ihr euch am Freitagabend dieses Buch nehmen und eines dieser wundervollen Wochenenden auswählen. 52 wunderbare Wochenenden. So könnten sie aussehen. Vielleicht aber auch ganz anders. Lasst euch inspirieren und überraschen.

Aber egal wie ihr eure Wochenenden gestaltet: Ich wünsche euch ganz viel Spaß mit eurer Familie und viele unvergessliche Stunden.

Eure
Sabine Bohlmann

Für wen ist dieses Buch?

Dieses Buch ist für Familien. Vater, Mutter, Kind; alleinerziehende Mama mit Kindern; Wochenendväter; Großeltern oder auch Tanten und Onkel.

Manche meiner Wochenendtipps sind vielleicht mehr für kleine Kinder, andere für etwas ältere; manche eher für Mädchen, andere für Jungs – trotzdem mag ich keine Altersangaben oder Einteilungen wie »für Mädchen/für Jungs« in meinen Büchern, da ich einfach hoffe, ihr Eltern könnt selbst beurteilen, ob eure Kinder zu groß beziehungsweise zu klein für eine bestimmte Idee sind oder ob sie statt eines Harry-Potter- lieber ein Bibi-Blocksberg-zauberhaftes-Wochenende haben wollen.

Die Wochenenden sollen echte Familienwochenenden sein; niemand soll ausgeschlossen werden oder nicht mitmachen können. Es gibt immer einen Weg, ein Kleinkind an einer Aktion zu beteiligen, die eigentlich für ein zehnjähriges Kind gedacht ist. Oder etwas Interessantes für ein älteres Kind zu finden, auch wenn es um ein Kleinkindthema geht.

Ich erinnere mich noch gut an ein Gartenzwergefest. Es war für Kindergartenkinder gedacht, am meisten Spaß hatten aber plötzlich die Großen – irgendwann liefen sie mit den Gartenzwergemützen durch die Beete und spielten begeistert die Spiele der Kleinen und die Kleinen amüsierten sich königlich.

Bevor ihr mit den wunderbaren Wochenenden beginnen könnt, hier noch ein paar Tipps:

Ausschlafen bis in die Puppen?

Ja, das Wochenende ist in erster Linie zum Erholen da. Aber geht es euch auch manchmal so, wenn man dann bis in den späten Vormittag schläft (an alle, die Babys haben: Ja, so eine Zeit kommt wieder, in der man ausschlafen kann oder in der die Kinder sogar länger schlafen als man selbst, sodass man sie w-e-c-k-e-n muss!!!), ist der halbe Tag bereits vorbei, bevor er überhaupt angefangen hat, und alles, was man eigentlich machen wollte, passt gar nicht mehr hinein? Das macht einen dann oft eher unzufrieden als zufrieden.

Mein Tipp für Langschläfer: an einem Tag ausschlafen und am anderen wecken lassen, um den Tag voll und ganz vor sich zu haben.

Was getan werden muss, muss getan werden!

Meist gibt es ja auch am Wochenende ein paar Dinge, die erledigt werden müssen: einkaufen, Auto waschen, Friseur ... Vielleicht schafft ihr diese Dinge aber auch schon Freitag am Spätnachmittag, damit das Wochenende wirklich frei bleibt – oder am Samstag ganz in der Früh? Oder ihr erledigt alle »Must-dos« – (also alle Müssen-gemacht-werden-Dinge) am Samstagvormittag, dann habt ihr immerhin noch den Nachmittag und den Sonntag als wirkliches Wochenende. Vielleicht könnt ihr euch auch aufteilen: Einer erledigt die liegen gebliebene Hausarbeit, während der andere schon mal einkaufen geht. Oder können vielleicht die Kinder schon einen Teil der Hausarbeiten erledigen? Bad putzen, Staub saugen, Wäsche zusammenlegen?

Sonntagabend Listenzeit

Der Sonntagabend bietet sich auch an, über die kommende Woche nachzudenken. Wie wäre es zum Beispiel mit einem Plan, von Montag bis Sonntag, in den jeder sein Lieblingsessen eintragen kann? Das erleichtert auch das Einkaufen. Einmal einkaufen für die ganze Woche und man muss sich an keinem Tag dieser Woche fragen: Was koche ich heute?

Man kann sich auch zusammensetzen und eine kleine Liste schreiben mit den Dingen, die man die kommende Woche schaffen will: drei Dinge, die wir schaffen wollen; fünf Dinge, die wir schaffen müssen.

Das Wochenendtagebuch

Vielleicht habt ihr Lust, euch ein Wochenendtagebuch anzulegen. Kauft euch ein schönes Buch oder gestaltet es selbst. Beklebt es mit Familienbildern oder einem schönen Stoff. Am Sonntagabend können alle Familienmitglieder in das Buch schreiben, malen oder etwas einkleben. Ein Foto vom Wochenende, eine Eintrittskarte, eine Fahrkarte, und so weiter. Schreibt in das Buch, was ihr gemacht habt, ob es schön war und auch was es zu essen gab. Wie das Wetter war, wie ihr euch gefühlt habt und was sonst noch so los war an eurem ganz eigenen Wochenende.

Dieses Buch ist nicht an Jahreszeiten und auch nicht an Orte gebunden. Ihr könnt sogar ein Sommerwochenende im Winter veranstalten – dann werden eben zu Hause Liegestühle aufgestellt, die Heizungen volle Kanne aufgedreht, Limbotanz-CDs in den Player gelegt, Sonnenbrillen aufgesetzt, Cocktails geshakt und alles ist wundervoll! Ihr könnt alles, was für drinnen geplant ist, auch draußen machen und umgekehrt – na ja, fast alles. Natürlich wird das mit dem Pfützenspringen ohne Pfützen schwierig. Aber sonst ... Seid einfach flexibel und erfinderisch und vor allem: fantasievoll!!!

Wochenendplakat

Hängt doch ein Plakat in den Flur, da darf dann jedes Familienmitglied draufschreiben, was es mal wieder am Wochenende machen möchte. Zoo, Spiele, Oma besuchen, im Wald spielen oder eines der wunderbaren Wochenenden aus dem Wochenendbuch?

Wochenendbuchroulette

Jeden Freitag darf einer aus der Familie dieses Buch an irgendeiner Stelle wahllos aufklappen. Das Wochenende, das auf der Seite steht, die aufgeschlagen wird, wird dann gemacht. Juhu!

Und was ich unbedingt noch loswerden will:

Nichts ist so wertvoll wie die Zeit, die ihr euren Kinder schenkt. Aber ihr verschenkt nicht nur eine wundervolle Zeit, ihr erhaltet gleichzeitig auch eine. Die Kindheit eurer Kinder geht so schnell vorbei. Und ehe man es sich versieht, haben die Kinder keine Lust mehr, mit den Eltern das Wochenende zu verbringen. Also nutzt die Zeit und genießt die gemeinsamen Stunden mit euren Kindern!

Quality time – was ist das eigentlich?

Eine Qualitätszeit. Es ist ein neues Wort für berufstätige Eltern, die wenig Zeit für ihre Kinder haben. Lieber Quality time als gar keine Time. Aber sind meine Kinder auch immer bereit, mit mir Quality time zu verbringen, wenn ich nur jetzt in diesen zwei Stunden Quality time habe? Vielleicht wollen sie gerade in diesem Moment lieber mit einem Freund oder allein spielen. Und hat nicht jede Zeit ihre Qualität? Auch die Zeit, wenn wir nebeneinandersitzen und jeder ein eigenes Buch liest. Die Zeit, in der ich koche und das Kind im Kinderzimmer laut singt? Auch die Hausaufgabenbetreuung hat Qualität und sogar ein Streit hat Qualität, denn je mehr ich mit meinen Kindern Zeit verbringe, desto besser kenne ich sie.

Verpasst nicht die wundervollen Dinge in der Kindheit eurer Kinder. Verbringt so viel Zeit mit ihnen wie möglich. Und vergesst nicht zu genießen. Auch wenn es manchmal nicht so einfach ist, ja, es kann nicht immer alles gut laufen. Wer hat behauptet, Kindererziehung wäre einfach?

Auch wenn die Kinder mal schlecht gelaunt sind, seltsame Phasen haben, die man so gar nicht versteht, wenn wir uns manchmal streiten, brüllen, Dinge sagen, die man nicht sagen wollte, auch wenn man seine Kinder zwischendurch mal an die Wand klatschen könnte – all das ist Familienzeit und gehört dazu. Also macht aus jeder Zeit eine Qualitätszeit!

WOCHENENDE NUMMER 1

Wunschkonzert

»Das Leben ist kein Wunschkonzert«, heißt es doch immer. Aber vielleicht doch! Wie wäre ein Wochenende, an dem man einfach mal drauflos wünschen darf? Stellt euch vor, am Samstagmorgen erscheint eine Fee. Sie ist wie alle Feen klein und zart und rosa und lockig. Sie schenkt jedem von euch drei Wünsche, die nur an diesem Wochenende gelten und die nur an diesen beiden Tagen in Erfüllung gehen.

* Der erste Wunsch soll etwas sein, was man mit der Familie machen möchte (in den Zoo gehen, Fußball spielen, einen Film ansehen, ein Puppenhaus basteln, mit Barbies spielen, im Sandkasten eine Burg bauen …).
* Der zweite ein Essen, das an diesem Wochenende gekocht werden soll (Hamburger, Pizza, Sushi, Waffeln, Kuchen, Eis …).
* Der dritte etwas Besonderes, etwas Verrücktes, etwas Lustiges (die Mama durchkitzeln, von den anderen Familienmitgliedern das Zimmer aufräumen lassen, ein Gedicht geschenkt bekommen, die Kleidung eines anderen Familienmitglieds anziehen).

»Nun überlegt und wählet gut«, sagt die kleine Fee mit ihrem glockenklaren Stimmchen und wedelt ungeduldig mit ihrem Lockenstab (ich bin überzeugt davon, dass Feen keine Zauberstäbe, sondern Lockenstäbe haben, weil sie doch alle so lockige Haare haben).

Die Eltern wählen ihre Wünsche zum Schluss, denn dann können sie je nach Aufwand der Kinderwünsche ein bisschen ausgleichen:

etwas Ruhigeres, etwas, was nicht so weit weg ist, oder auf dem Weg zu einem anderen Wunsch liegt.

Das Tolle an solchen Wunschwochenenden ist: Es gibt keine Diskussionen darüber, was man macht, denn jeder Wunsch wird ja erfüllt und die Bedingung der kleinen Fee ist natürlich, dass alle ohne zu murren auch die Wünsche der anderen erfüllen. Also ist jeder ein Stückchen Fee für den anderen.

Wenn ihr eine Feenallergie habt oder gerade keine Fee in der Nähe ist, könnt ihr die Wünsche auch mit Heliumluftballons am Samstagmorgen in den Himmel steigen lassen. Ihr könnt auch einen Wunschzettel schreiben und diesen ans Christkind schicken (vielleicht hat es unterm Jahr gerade Zeit und Lust, eure Wünsche zu erfüllen).

Oder ihr hängt einen kleinen Briefkasten in der Wohnung auf, in den jeder jederzeit kleine Wunschzettel werfen kann. Am nächsten Wunschtag wird der Kasten geleert und die Wünsche werden erfüllt (hierfür gibt es natürlich einige Regeln, zum Beispiel dass man nur Wünsche hineinwerfen darf, die nichts kosten und erfüllbar sind).

Wusstet ihr übrigens, dass man auf viele verschiedene Arten wünschen kann?

Manche Menschen …
* werfen eine Münze in einen Brunnen.
* wünschen sich etwas, wenn sie eine Sternschnuppe sehen.
* haben einen Wunsch frei, wenn sie eine Wimper wegpusten.
* wünschen sich was beim Geburtstagskerzenauspusten.
* reiben an einer Flasche und warten, dass ein Geist herauskommt, der Wünsche erfüllen kann.
* rufen beim Radio an und dürfen sich ein Lied wünschen.

Und als mich mal ein Kind gefragt hat, ob mein Muttermal ein Nutellafleck sei, habe ich ihm geantwortet: Nein, ich bin das Sams und das ist mein letzter Wunschpunkt!

Wie wäre es mit einem Wunschpunsch, der die Wünsche erfüllt?

Für 2l Wunschpunsch braucht ihr:
- ★ 1 l Apfelsaft, naturtrüb
- ★ 1 l Orangensaft oder 6 Orangen, ausgepresst
- ★ 1 Stange Zimt
- ★ 3 Nelken
- ★ 2 EL Honig
- ★ 1 Sternfrucht (Karambole) zum Verzieren

Und so geht es: Alle Zutaten mischen und in einem Topf erhitzen (nicht kochen). Die Gläser mit einer aufgeschnittenen Sternfrucht dekorieren.

Das Wunschkonzertspiel

Und wenn ihr vom Wünschen noch nicht genug habt, wie wäre es mit einem Wunschkonzertspiel?
Das geht so:

1. Zuerst müsst ihr Spielkarten basteln. Dafür braucht ihr ein paar Karteikarten in zwei verschiedenen Farben – zum Beispiel blaue und rote. Auf die einen schreibt ihr die Begriffe »Gedicht«, »Lied«, »Bild«, »Knete«, »Pantomime«; auf die anderen schreibt ihr: »Tier«, »Pflanze«, »Mensch«, »Hobby«, »Essen«. Dann legt ihr Zettel und Stift sowie Knetmasse auf den Tisch.
2. Nun darf sich reihum jeder etwas wünschen. Dafür zieht man erst eine blaue Karte, dann eine rote. Jetzt hat man verschiedene Kombinationen, zum Beispiel »Gedicht« und »Mensch«. Während der Wünscher zieht, rufen alle anderen: »WWWWWWWunschkonzert!« Der Wünscher sagt nun: »Ich wünsche mir ein Gedicht, in dem es um Oma geht.«
3. Jetzt müssen sich die anderen schnell Gedichte über die Oma ausdenken und sie vortragen. Der Wünscher darf entscheiden, wer das beste Gedicht hatte, und derjenige bekommt einen Punkt.
4. So geht es nun im Uhrzeigersinn weiter. Jeder zieht und wünscht. Und dann wird gedichtet, gesungen, gemalt, geknetet oder pantomimisch dargestellt – immer zu dem jeweils gezogenen Begriff.

Natürlich ist das nur der Oberbegriff, zum Beispiel »Tier«; der Wünscher darf dann bestimmen, um welches Tier es genau gehen soll.
Und ich würde mir wünschen, dass Spielbeschreibungen nicht immer so kompliziert klingen würden für Spiele, die eigentlich ganz einfach sind.

Wochenendtagebuch

Und was wünscht ihr euch fürs Leben, für die Zukunft? Schreibt es auf und schickt es mit einer Rakete ins Universum oder mit einem Luftballon in den Himmel – oder notiert es im Wochenendtagebuch!

Frühling!

WOCHENENDE NUMMER 2

Trarira, der Frühling ist da! Man kann es bereits riechen und überall kann man Knospen sehen und so grüne Wiesen wie zu keiner anderen Jahreszeit. Und deshalb steht dieses Wochenende alles unter dem Motto: Frühling.

Zuallererst

Zieht euch grün an! Dann könnt ihr nämlich schon mal *Grün, grün, grün, sind alle meine Kleider* singen:
Grün, grün, grün sind alle meine Kleider,
grün, grün, grün ist alles, was ich hab,
darum lieb ich alles, was so grün ist,
weil mein Schatz ein Gärtner ist.

Vielleicht ist er auch Jäger, aber Gärtner passt zu unserem Tag besser. Denn ob im Garten, auf dem Balkon oder im Blumentopf – heute wird gepflanzt!

Der erste Weg führt uns an diesem Samstag in eine Gärtnerei oder ein Gartencenter (ich mag das Wort »Gartencenter« nicht, »Pflanzfachhandel« ist auch nicht besser, also sagen wir doch einfach »Blumenparadies« oder »Gartenladen«). Hier kauft ihr Samen, Blumenzwiebeln, einfache Tontöpfe, Erde und vielleicht auch Schnittblumen, das ganze Zimmer soll schließlich nach Frühling duften.

Zuhause könnt ihr die Tontöpfe bemalen – am besten kunterbunt. Pflanzt schöne Blumen hinein oder sät Samen.

Jedes Familienmitglied bekommt einen eigenen Topf zum Anmalen und Bepflanzen. Welcher Samen wächst am schnellsten? Oder ihr pflanzt Tulpenzwiebeln in euren Topf. Welche Farbe wird die Blüte haben? Schreibt eure Vermutungen auf einen Zettel; wer gewinnt die Wette?

Ihr könnt auch ein kleines Kräuterbeet in der Küche anlegen.

Oder ihr samt viele verschiedene Blumen an, die ihr später irgendwo in der Stadt in einem Beet aussetzt. Guerillagärtnern nennt man das.

Oder ihr pflanzt in jeden Blumentopf einen anderen Kern: Avocado, Papaya, Kürbis oder Bohnen und Erbsen, die wachsen schön schnell! Malt kleine Schilder, auf denen zu erkennen ist, welche Pflanze in welchem Topf wächst.

Ihr könnt auch jeden Tag ein Foto von einer schnell wachsenden Pflanze machen; ist die Pflanze groß, hat man so viele Bilder, dass man ein Daumenkino daraus basteln kann.

Ihr könnt auch andere Gefäße als Töpfe bepflanzen, zum Beispiel Blechdosen. Nur nicht vergessen, diese unten mit Steinchen zu füllen und dann erst mit Erde. Damit sich das Wasser nicht sammeln kann und die Erde nicht anfängt zu schimmeln. Nun kann die Gartensaison fast beginnen.

Frühjahrsputz

Frühling heißt aber auch aufräumen, und zwar nicht nur im Haus, sondern auch im Garten. Stellt alle Dinge, die vielleicht über den Winter kaputtgegangen sind, zusammen: Stühle, Holzliegen, Tische … Vielleicht habt ihr Lust, sie zu restaurieren. Abschleifen, morsche Hölzer erneuern, einlassen und schließlich mit neuer Farbe anstreichen. Die ganze Familie kann mithelfen.

Wie wäre es mit einem »Ramadama«-(Räumen tun wir)-Tag? Ladet ein paar Freunde ein und kümmert euch um die Beete, die Wiese und die Bäume. Zum Dank gibt es für alle Helfer Kaffee und Kuchen.

Macht was Neues aus eurem Garten: Wie wäre es, ein paar Kunstobjekte in das Beet zu stellen (nein, ich meine keine Gartenzwerge)?

Frühlingsbild

Dazu braucht ihr:
★ Zeitschriften
★ eine Schere
★ Kleber
★ ein großes Blatt Papier

Durchstöbert die Zeitschriften und schneidet alles aus, was euch an den Frühling erinnert. Eine hüpfende Person, Blumen, Worte wie: »Alles neu« oder »grün«. Jetzt klebt ihr die Bilder und Worte auf das große Papier. Ihr könnt auch noch Dinge dazumalen, die etwas mit Frühling zu tun haben.

Umstrickt einen Baum oder ein Vogelhäuschen, hängt lustig angemalte Vogelhäuschen in die Bäume, näht eine große bunte Fahne aus verschiedenen Stoffen, malt einen Zaun mit leuchtenden Farben an, pflanzt ein Herz aus Blumen auf die Wiese oder eine Spirale, bemalt Steine und legt damit eine Beetumrandung oder bastelt eine Skulptur aus Hölzern. Baut ein großes lustiges Windrad oder hängt bunte Stofffetzen an einen abgestorbenen Baum.

Könnt ihr ein kleines Hexenhäuschen für die Kinder im Garten bauen? Aus alten Brettern und alten Fenstern? Dann los! Jeder sollte schließlich in seinem Leben ein Haus gebaut haben. Vielleicht findet sich auch ein schöner Baum für ein Baumhaus. Ist das nicht sowieso der Traum eines jeden Papas, mal mit seiner Familie ein Baumhaus zu bauen?

Und was noch?

★ Schreibt ein Gedicht über den Frühling
★ Legt euch auf die Wiese und versucht, das Gras wachsen zu hören
★ Esst Frühlingsrollen
★ Singt ein Frühlingslied
★ Malt ein Blumenbild
★ Guckt in den Himmel, vielleicht könnt ihr Zugvögel sehen, die aus dem Süden zurückkommen

- ★ Erzählt euch die besten Aprilscherze, die ihr erlebt oder von denen ihr gehört habt
- ★ Baut einen Nistkasten und hängt ihn im Garten auf
- ★ Gebt für Freunde einen Frühlingsbrunch
- ★ Malt Ostereier an
- ★ Verschickt Frühlingskarten an Freunde oder Briefe mit Samen
- ★ Feiert ein Kirschblütenfest unter einem blühenden Kirschbaum
- ★ Spürt den Frühling auf: Unternehmt einen Spaziergang und entdeckt dabei erste Blumen und Blüten; in der Stadt sind oft wunderschöne Tulpenwiesen gepflanzt, auf dem Land spitzen überall kleine Krokusse heraus

Ja, lasst den Frühling herein. Öffnet die Fenster weit und atmet ihn ein – ist der Frühling nicht herrlich?

Wochenendtagebuch

Presst Frühlingsblumen in einem dicken Buch und klebt sie dann in euer Wochenendtagebuch.

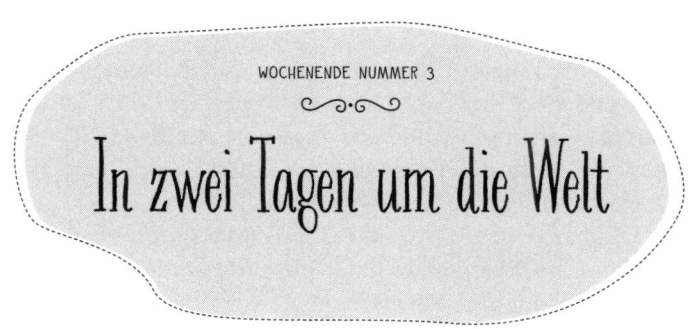

WOCHENENDE NUMMER 3

In zwei Tagen um die Welt

Dieses Wochenende gehen wir auf Weltreise. Wie? Ihr müsst Sonntagabend aber wieder zu Hause sein? Kein Problem – wir schaffen eine Weltreise in zwei Tagen, wetten?

Hängt eine große Weltkarte an die Wand und malt mit einem dicken Stift die Reiseroute darauf. Bastelt für jeden einen kleinen Reisepass und legt Stempel zurecht, die der Reisende in jedem Land bekommt. Vorab könnt ihr auch noch für jedes Land ein passendes Musikstück heraussuchen. Das bringt euch dann gleich in die richtige Stimmung. Besorgt euch Bücher über verschiedene Länder in der Bibliothek oder informiert euch im Internet.

Und dann werden Koffer gepackt. Wenn ihr kleine Kinder habt, ist es sicher süß, wenn sie ihre Lieblingsstofftiere mitnehmen können oder eine Puppe mit Puppenkleidung. Überhaupt ist Kofferpacken spannend und macht Spaß.

Da fällt mir ein, wenn ihr keine richtigen Koffer packen wollt, dann beginnt die Weltreise doch mit dem Spiel »Ich packe meinen Koffer«: Einer fängt an und sagt: »Ich packe meinen Koffer und nehme mit …« – jetzt denkt er sich etwas aus – »… meinen Teddy.« Der Nächste kommt an die Reihe und sagt: »Ich packe meinen Koffer und nehme mit: Meinen Teddy und …« – jetzt fügt er seine eigene Idee hinzu – »… meine Zahnbürste.« Und so geht es immer weiter. Jeder wiederholt reihum alles, was die anderen schon gesagt haben, und fügt eine neue Sache hinzu.

Was braucht man auf Weltreise noch? Einen Fotoapparat? Gebastelt oder echt? Ganz nach Belieben. Wenn ihr echte Fotos eurer Reise knipst, versucht sie doch auch so echt wie möglich aussehen zu lassen. Wo in eurer Gegend gibt es Hintergründe, die zum Land passen könnten?

Aus Stühlen wird nun ein kleines Flugzeug gebaut und schon geht die Reise los. Einer ist der Pilot, ein anderer die Stewardess. Die Stewardess begrüßt die Passagiere:

»Guten Morgen meine Damen und Herren, herzlich willkommen an Bord der Boeing 737 auf dem Flug von München nach London. Ihr Kapitän heißt Papa Mustermann, mein Name ist Mama Müller und ich bin Ihre Flugbegleiterin. Die Flugzeit wird voraussichtlich zwei Minuten betragen. Das Wetter in London ist verregnet, aber das macht nichts. Die Sicherheitshinweise entnehmen Sie bitte dem Flugblatt vor Ihnen im Sitz. Während des Fluges werden wir Ihnen Erfrischungsgetränke reichen. Wir möchten Sie nun bitten, die Sicherheitsgurte anzulegen und die Sitzlehnen aufrecht zu stellen. Wir wünschen Ihnen einen angenehmen Flug.«

Und dann fliegt ihr von einem Land ins nächste. Ihr könnt nun überall etwas über das Land lernen. Auch über die Sprache. Es gibt eine tolle App: Man spricht einen Satz ein und dieser wird einem sofort in irgendeine andere Sprache, die man selbst auswählt, übersetzt und vorgesprochen. Vielleicht habt ihr euch aber auch vor eurer »Reise« schon schlaugemacht und wisst bereits, was Bitte, Danke, Guten Tag und Auf Wiedersehen in den jeweiligen Ländern heißt.

Was wird hier gegessen? Angebaut? Hergestellt? Was sind die Rituale in diesem Land und wie sehen die Menschen hier aus? Gibt es vielleicht besondere Trachten? Tragen die Kinder Schuluniformen?

Wie heißt die Hauptstadt und wie sieht die Flagge aus?

Vielleicht beherrscht einer aus der Familie die Sprache des betreffenden Landes oder kann den Akzent nachmachen. Oder einer von euch ist ein guter Schauspieler und spricht eine Fantasiesprache, die es so gar nicht wirklich gibt.

Und so könnte euer Reiseplan aussehen:

Ihr startet in England (How do you do?):
English Breakfast mit Tee, Rühreiern, Speck und Toast; danach kurzer Besuch bei der Wachablösung der British Grenadier Guards: Spielt die Wachablösung nach und übt marschieren. Außerdem darf ja die englische Königsgarde während ihres Dienstes nicht lachen – wie wäre es, wenn einer von euch einen der Guards spielt und die anderen versuchen, ihn zum Lachen zu bringen?

Singt die Englische Nationalhymne: God save our gracious Queen, Long live our noble Queen, God save the Queen! Und am Ende müssen alle noch winken, winken, winken – wie die Queen.

Weiter geht es mit dem Schiff nach Holland (Goedendag):
Wenn das Wetter gut ist, fahrt mit dem Fahrrad zu einem Blumenladen und kauft einen großen Strauß Tulpen. Außerdem könnt ihr zu Hause eine kleine Windmühle basteln.

Dafür braucht ihr:
- ein quadratisches Papier – circa 20x20 cm
- einen Korken
- eine Stecknadel oder Reißzwecke
- eine leere ausgespülte Milchtüte

Und so geht es:
1. Eine Diagonale in das Papier falten, aufklappen und eine weitere Diagonale falten, wieder aufklappen.
2. Jetzt mit einer Schere den gefalteten Linien entlang das Papier von allen vier Ecken bis zur Hälfte einschneiden.
3. Die entstandenen Spitzen in die Mitte legen und mit etwas Kleber dort festkleben. Fertig ist das Windrad.
4. Nun die Stecknadel durch die Mitte des Windrades an die Milchtüte stecken, von innen den Korken dagegenstecken (dazu muss die Milchtüte oben vorsichtig geöffnet werden).
5. Dann die Milchtüte oben wieder wie ein kleines Dach zusammenkleben. Die Windmühle kann jetzt noch bemalt oder beklebt werden.

Und schon fliegt ihr weiter nach Italien (Ciao):
Hier könnt ihr: Nudelbilder kleben, Nudelketten fädeln, Venezianische Masken aus Gips formen oder fein Mittag essen, es gibt natürlich Spaghetti!

Im Nachtzug (Sofa) geht es nach Spanien (Hola):
Während der Fahrt könnt ihr euch ein bisschen ausruhen und wenn ihr ankommt, erwartet euch ein kleiner Stierkampf – vielleicht ist Papa der Stier? ¡Olé! Ihr könnt auch Flamenco tanzen oder Tango und euch eine rote Blume ins Haar stecken, einen Fächer aus Papier falten oder eine Gitarre aus Pappe basteln oder auf einer echten Gitarre spanische Stücke spielen. Oder ihr erzählt die Geschichte von Don Quichotte, der gegen Windmühlen kämpfte (ach, da wären wir ja wieder bei den Windmühlen). Aber keine Zeit für große Windmühlenkämpfe, denn …

… nun geht es weiter nach Hawaii (Aloha):
Hier könnt ihr unter einem Besenstil hindurch Limbo tanzen oder einen Hula-Hoop-Weltrekord brechen. Wusstet ihr, dass der Weltrekord im Hula-Hoop-Reifenschwingen bei über 70 Stunden liegt? Und eine Chinesin hat es geschafft, mit 265 Reifen gleichzeitig Hula-Hoop zu machen.

Bastelt doch aus Seidenpapier schöne Blumenketten und tanzt damit geschmückt einen Hulatanz, oder bindet euch Bastbänder an eine Schnur, so habt ihr einen schönen Bastrock. Die Herren ziehen natürlich ein Blumenhemd an oder eine coole Surferbadehose. Surft auf einem zusammengeklappten Bügelbrett, das ihr auf ein paar wackelige Kissen legt.

Zum Abend gibt es Toast Hawaii. Und wenn es das Wetter zulässt, könnt ihr draußen im Garten in einer Hängematte unter den Sternen einschlafen. Oder habt ihr die Möglichkeit, eine Hängematte im Zimmer aufzuhängen?

Wenn ihr am nächsten Morgen noch nicht genug vom Weltreisen habt, kann es noch weitergehen, zum Beispiel nach …

… Afrika (Jambo):

Hier wird zur Ankunft erst mal getrommelt, dann können sich die Mädels der Familie kleine Zöpfe flechten, und ab geht es in den Dschungel (vielleicht in einen Wald?). Singt doch das Lied von dem Affen, der die Kokosnuss geklaut hat! Und wenn ihr bei euren Vorbereitungen für dieses Wochenende zufällig an eine Kokosnuss gedacht habt, dann könnt ihr damit jetzt Flaschen umkegeln, die Kokosmilch schlürfen und das Fruchtfleisch naschen.

Es folgt ein langer Flug nach Japan (Konnichiwa – dazu Verbeugen nicht vergessen!):

Versucht doch mal, mit Stäbchen Erbsen von einem Teller zum anderen zu transportieren. Wer ist der Schnellste? Oder vielleicht werdet ihr Sumoringer: Ihr stellt euch einander gegenüber auf einen kleinen Teppich und wer es schafft, den anderen vom Teppich zu schieben, hat gewonnen – auch hier Verbeugen nicht vergessen! Malt ein paar Mangas oder faltet Origamifiguren.

Und irgendwann ist die Reise vorbei und alle freuen sich auf zu Hause.Ihr könnt natürlich auch mal mit einem Auto, mal auf einem Esel, im Bus, auf einem fliegenden Teppich, einem Kamel oder mit einem Hubschrauber reisen. Natürlich alles imaginär, falls da je ein Zweifel bestand!

Ist euch die ganze Welt zu viel, könnt ihr euch auch nur ein einziges Land fürs Wochenende vornehmen und zum Beispiel Freunde besuchen, die aus diesem Land kommen. Und nächstes Wochenende »fliegt« ihr dann in ein anderes Land.

Eine andere Aktion macht großen Spaß mit mehreren Familien: Man lädt sich an jedem ersten Wochenende im Monat gegenseitig ein und stellt das Essen unter ein Ländermotto. Alle kommen passend zum Motto gekleidet, der Tisch ist ebenfalls passend gedeckt und vielleicht kann jemand sogar ein Lied in der jeweiligen Sprache oder weiß zumindest, wie man darin Guten Appetit sagt.

Was man an diesem Wochenende auch noch machen kann

Beginnt vielleicht das Wochenende, indem ihr die Geschichte von Jules Vernes *In 80 Tagen um die Welt* erzählt. Die Handlung interessiert Kinder jeden Alters. Der Film ist allerdings nicht für alle Altersgruppen geeignet. Erzählt die Geschichte dem Alter eurer Kinder entsprechend.

Vielleicht so: »Da gab es mal einen ganz vornehmen reichen Mann. Einen Gentleman – wisst ihr, was das ist? Er hieß Phileas Fogg und lebte in London. Und wie alle Gentlemen ging er jeden Sonntag in einen Club. Da traf er sich mit anderen feinen Herren. Es gab einen Streit, wie lange man bräuchte, um einmal um die Erde zu reisen. Man muss dazu sagen, dass die Geschichte in einer Zeit spielt, in der es noch keine Flugzeuge gab. Er konnte also nur mit dem Schiff und dem Zug fahren. Er wettete, dass er es in 80 Tagen einmal um die Welt schaffen würde. Er wettete um die Hälfte seines Vermögens. Die andere Hälfte, nämlich 20.000 Pfund Sterling, nahm er in einem Koffer mit auf die Reise. Und seinen Diener Passepartout ...«

Erzählt von den Ländern, die sie bereisen, von den Abenteuern, die sie erleben, und lasst dabei einfach die Dinge weg, von denen ihr meint, sie sind ein bisschen brutal, wie die Episode in Indien, wo eine junge Frau gemeinsam mit ihrem toten Mann auf dem Scheiterhaufen verbrannt werden soll.

Habt ihr einen Globus? Dann fahrt einmal mit dem Finger über die Erde. Könnt ihr die Route von Phileas Fogg und Passepartout nachfahren?

Vielleicht haben die Kinder Lust, Bilder zu der Geschichte zu malen oder sich selbst Abenteuer zu überlegen, die den beiden Engländern passiert sein könnten. Solch eine Kinderversion ist übrigens auch eine tolle Vorlage für ein Theaterstück an der Schule. Vielleicht sogar ein Elterntheater?

Und wie lange braucht man heute, um einmal die Welt zu umrunden?

Na ja, das kommt drauf an, womit man fährt. Gehen wir mal davon aus, dass man einmal rund um die Erde will und zwar am Äquator entlang. Der Erdumfang beträgt circa 40.075 Kilometer. Ihr Durchmesser beträgt 12.756,3 Kilometer. (Die Erde ist übrigens 1 Million Milliarde Milliarden Kilogramm schwer. Sie wiegt 21-mal mehr als der Mond!)

Würde man nun also mit dem Auto um die Welt fahren – und könnte man dann auch noch mit dem Auto über die Meere fahren, und zwar am Tag 1.000 Kilometer –, dann wäre man in 40 Tagen einmal rum. Mit dem Flugzeug braucht man circa 48 Stunden, vorausgesetzt, man macht keine Zwischenlandung. Wenn man zu Fuß gehen will und man schafft am Tag 25 Kilometer, braucht man 1.603 Tage, das sind circa vier Jahre und fünf Monate. Es gibt tatsächlich Menschen, die zu Fuß um die Welt gewandert sind. Sie haben circa elf Jahre gebraucht. Man wandert ja auch nicht nur. Schließlich möchte man auch mal ein paar Tage an einem Fleck bleiben.

Auf Wikipedia gibt es übrigens eine ganze Liste von Menschen, die auf unterschiedliche Weise um die Welt gereist sind, gebt als Suchwort mal »Weltumrundung« ein.

Wochenendtagebuch

Malt doch ins Wochenendtagebuch die Flaggen der Länder, die ihr an diesem Wochenende alle bereist habt.

WOCHENENDE NUMMER 4

Ramadama

Habt ihr auch manchmal das Gefühl, von eurer Wohnung erdrückt zu werden? Kennt ihr das: Man möchte einen Pulli in den Schrank legen und fünf andere fallen einem entgegen? Möchtet ihr auch manchmal einfach weniger Dinge haben?

Dann seid ihr bei diesem Wochenende genau richtig, denn es steht unter dem Motto »Ramadama« (zu Hochdeutsch: Räumen tun wir). Also Ärmel hochkrempeln, in die Hände spucken und los geht es!

Besorgt euch Umzugskisten und stellt in jedes Zimmer zwei davon. Eine für den Flohmarkt und eine für den Müll. Vielleicht noch eine Tüte für »Verschenkungen«. Denn man möchte die Dinge ja auch loswerden. Und Verschenken macht manchmal noch glücklicher, als die Sachen für ein paar Euro auf dem Flohmarkt zu verkaufen.

Am besten plant ihr die Aktion für ein Wochenende mit gutem Wetter: Samstag aussortieren und Sonntag gleich auf den Flohmarkt mit den aussortierten Dingen (eventuell Stand reservieren). Denn es macht nicht wirklich frei, wenn die Kisten wochenlang in der Wohnung rumstehen. Zu groß ist dann auch die Gefahr, dass man das eine oder andere Teil doch noch mal herauszieht mit den Worten: Das ist doch noch pfenniggut! Jetzt geht ihr Zimmer für Zimmer und Schrank für Schrank durch. Ihr könnt euch auch ein Ziel setzen, zum Beispiel: Zehn Dinge pro Regal oder Schrank kommen weg. Überlegt genau, was davon ihr wirklich noch verkaufen oder verschenken könnt und was besser in den Müll wandert.

Wie viele Dinge braucht der Mensch, um glücklich zu sein? Genügen zwei Garnituren Bettwäsche? Kann man Bücher weggeben, die man schon einmal gelesen hat und bei denen man sich sicher ist, sie niemals in seinem Leben noch einmal zu lesen? Einzelne Socken? Weg! Einzelne Handschuhe? Weg! Und wie viele der DVDs gefallen einem so gut, dass man sie noch einmal ansehen möchte? Alle anderen: weg!

Ab in die Kartons damit und Deckel drauf. Spürt ihr schon, wie gut das tut? Ja, das macht frei.

Auf dem Flohmarkt

Was ihr für den Flohmarkt alles braucht:
* Klapptisch oder Tapeziertisch
* Wechselgeld und Kasse
* Tüten
* Hocker oder andere Sitzmöglichkeiten
* Kopfbedeckungen
* Getränke und Brotzeit

Sortiert an eurem Stand alles, was ihr verkaufen wollt, schon mal nach Kleidung, Büchern, CDs und anderem Krimskrams. Stellt euch darauf ein, jedes Stück für unter 5 Euro zu verkaufen. Schließlich wollt ihr die Sachen nicht wieder mit nach Hause nehmen, oder? Und Kleinvieh macht auch Mist. Glaubt mir, das läppert sich.

Flohmarkt macht nur richtig Spaß, wenn man auch Flohmarktpreise hat. Flohmarktpreise sind für mich 1 oder 2 Euro.

Handeln darf natürlich sein, also legt auf alles erst mal einen Euro drauf, dann seid ihr am Ende des Handels näher an dem Preis, den ihr angestrebt habt.

Gute Kinderkleidung könnt ihr auch zum Secondhandshop in Kommission geben. Da bekommt man meist ein bisschen mehr – manchmal aber auch gar nichts, weil die meisten Läden die Klamotten nach ein paar Monaten zu den Altkleidern geben.

Oder einfach verschenken. Vielleicht haben Freunde von euch kleinere Kinder? Am schönsten ist es, Kinderkleidung weiterzuschenken. Dann freut sich nicht nur der Beschenkte, sondern auch der

Schenker. Denn man sieht dann hin und wieder ein T-Shirt oder ein Kleidchen, das die eigenen Kinder getragen haben – ich weiß nicht, wie es bei euch ist, aber ich erinnere mich immer gern daran, wann und wo meine Kinder das eine oder andere Teil anhatten.

Von dem Geld, das ihr auf dem Flohmarkt verdient habt, könnt ihr am Sonntagabend schön essen gehen und euch für euren Fleiß belohnen. Und wenn ihr nach Hause kommt, erfreut ihr euch an den Schränken, in denen jetzt wesentlich mehr Platz ist und aus denen euch nichts mehr entgegenfällt.

Nehmt euch vor, in Zukunft für jedes Kleidungsstück, das ihr euch kauft, ein anderes wegzugeben. Und für jedes neue Buch ein gelesenes auszusortieren.

Wochenendtagebuch

Wie viele Kisten habt ihr beim Aussortieren zusammenbekommen? Wie viel Geld habt ihr auf dem Flohmarkt verdient? Wie viel habt ihr selbst auf dem Flohmarkt wieder ausgegeben und wofür?

WOCHENENDE NUMMER 5

Tauschwochenende

Stellt euch einmal vor, es gäbe plötzlich kein Geld mehr auf der Welt – und auch keine andere Währung. Man müsste alles tauschen. Ich würde also zum Bäcker gehen und sagen: »Guten Tag, was hätten Sie denn gern für einen Laib Brot?« Und der würde vielleicht sagen: »Du schreibst doch Bücher, gib mir doch ein Buch dafür!« Vielleicht würde ich sagen, dass mein Buch aber mehr wert ist als ein Brot, und er würde mir dann noch zwei Brezen und drei Kuchenstücke dafür geben. Vielleicht will er aber auch keine Bücher, weil er sich für meine Bücher nicht interessiert. Dann sagt er: »Du hast doch so eine schöne rote Mütze, die hätte ich gern.« Und wenn ich ganz viel Hunger habe, dann gebe ich ihm die vielleicht. War das früher so? Hat man da wirklich eine Mütze gegen ein Brot getauscht?

Da dies ein wunderbares Tauschwochenende ist, wollen wir doch mal überlegen, was mit wem getauscht werden könnte: Klamotten, die man nicht mehr anzieht. Spielzeug, mit dem man nicht mehr spielt. Videofilme, Hörspiele, Bücher, die man schon angesehen, gehört und gelesen hat. Ein Mittagessen gegen einen selbst gebackenen Kuchen.

Oder man tauscht sein Können oder seine Zeit: Mein Bruder spielt zum Beispiel sehr gut Gitarre. Er könnte meiner Tochter ein paar Stunden geben, dafür könnte ich … ja was kann ich, was er nicht kann? Ich könnte ihm die Homepage im Internet bauen, die er schon so lange möchte.

Meine Nachbarin ist gut in Französisch. Sie lässt sich allerdings nicht für Nachhilfe bezahlen, also bekommt sie einen Topf meiner leckersten Suppe. Und meiner Tante, die manchmal bei uns bügelt, repariert mein Mann hier und da ein paar Dinge, die kaputtgegangen sind.

Meine Tochter bekommt eine Gesangsstunde und passt dafür einen Abend auf die Kinder der Gesangslehrerin auf.

Einen Haarschnitt von meiner Friseurin, dafür darf sie sich unser Auto mal leihen, sie hat nämlich keines.

Ja, so geht das bei uns manchmal. Ihr müsst euch natürlich eigene Tauschmöglichkeiten einfallen lassen, denn ich weiß ja nicht, ob ihr überhaupt Nachhilfe in Französisch braucht oder Gitarre spielen könnt. Setzt euch doch einfach mal zusammen und überlegt.

Mittlerweile gibt es auch Tauschpartys, da bringt jeder zehn Kleidungstücke mit, wirft sie auf einen großen Haufen (man kann sie auch schön ordentlich auf Bügel hängen) und darf sich dafür zehn andere Sachen aussuchen. So etwas könnt ihr natürlich auch an diesem Wochenende veranstalten. So eine Tauschparty nennt sich übrigens Swap Party!

Und weil wir schon beim Tauschen sind: Tauscht doch einfach mal die Rollen.

Du bist ich und ich bin du!

So könnte der Samstagvormittag beginnen. Das geht natürlich nur, wenn die Kinder schon über das Kindergartenalter hinaus sind. Sonst wird es schwierig. Und außerdem ist dies ein echtes Experiment.

In der ersten Stunde am Samstag sollte erst einmal ein kleiner Hauswirtschaftskurs stattfinden: Wie wäscht man eigentlich Wäsche? Wie legt man Wäsche zusammen? Kann das Kind schon bügeln? Kochen? Vielleicht muss eine kleine Liste der Dinge, die unbedingt getan werden müssen, angefertigt werden.

Dann werden den Kindern die Wohnungsschlüssel überreicht und ein Budget, mit dem sie auskommen müssen. Nun ist es offiziell. Die Kinder übernehmen. Die Eltern ihrerseits dürfen herumsitzen, Musik hören, lesen, spielen und die Kinder stören. Die Kinder sorgen für den Einkauf, das Mittagessen und dafür dass die Wohnung nicht im Chaos versinkt.

Außerdem müssen sie die Eltern trösten, wenn diese sich wehgetan haben, ihnen ein paar leichte Aufgaben im Haushalt geben, sie ausschimpfen, wenn sie Unfug gemacht haben, und sie abends ins Bett bringen. Mit allem Drum und Dran. Vorlesen, Lied vorsingen und Monster unter dem Bett verscheuchen.

Wochenendtagebuch

Schreibt auf, was das Schönste am Kindsein ist und was das Schönste am Erwachsensein.

WOCHENENDE NUMMER 6

Im Weltall

Unendliche Weiten ... Na, schon mal ins Weltall gereist? Noch nicht? Dann wird es aber höchste Zeit. Dieses Wochenende geht es los. Aus der Bücherei könnt ihr euch Raumfahrt- und Weltallbücher ausleihen, damit ihr gleich alles zum Thema nachlesen könnt. Gibt es bei euch in der Nähe eine Sternwarte? Nichts wie hin! Zu Essen gibt es an diesem Wochenende Sternennudelsuppe. Ihr könnt auch Mond- und Sternkekse backen. Nehmt dazu ein ganz einfaches Butterplätzchenrezept.

Wer Lust hat, baut am Samstagvormittag ein Raumschiff aus großen Kartons. Es darf auch eine Rakete oder ein Ufo sein. Große Kartons bekommt man in Technikläden (der Karton eines Kühlschranks oder eines Fernsehers ist gut geeignet, oder auch Umzugskartons, da sind die besten die Kleiderkartons).

Als Weltraumkulisse kann ein großes Papier an die Wand gehängt werden. Alle Planeten werden ausgeschnitten und in der richtigen Anordnung auf das Weltallpapier geklebt. Was kann sonst noch im Weltall herumfliegen? Eine Kuh vielleicht? Ein Opa im Schaukelstuhl? Malt, wozu ihr lustig seid, und lasst es auf dem Bild im Weltall herumfliegen.

Und wie wäre es mit einem selbst gemachten Raumanzug? Einweganzüge gibt es günstig in Baumärkten, die sehen aus wie echte Raumanzüge. Dazu einen Helm aus einem Pappkarton basteln oder einen großen Luftballon als Form für einen Pappmascheehelm benutzen (es dauert allerdings eine ganze Weile, bis das Maschee getrocknet ist und ihr könnt dann eventuell erst am nächsten Tag in den Weltraum fliegen). Ihr könnt auch Aliens nähen – vielleicht haben die Kinder Lust, die Vorlagen dafür zu zeichnen. Oder aus Müll basteln, genau wie kleine Raketen und Raumschiffe. Dazu in der Woche vorher bereits Alufolie, Chipsdosen, Flaschendeckel, Strohhalme und alte CDs sammeln. Oder ihr bastelt ein kleines Sonnensystem-Mobile aus Styroporkugeln.

Und was macht ihr dann im Weltall? Zum Beispiel einen Milchshake trinken auf der Milchstraße. Nachts die Sterne am Himmel ansehen. Euch einen Stern aussuchen und ihm einen Namen geben. Sternschnuppen entdecken. *Der kleine Prinz* lesen.

Weltraumfantasiereise zur Entspannung

Ihr liegt alle ganz gemütlich auf Kissen auf dem Boden. Zugedeckt mit kuscheligen Decken. Habt ihr es gemütlich? Dann kann die Reise losgehen. Schließt eure Augen. Spürt euren Atem, wie er durch euren Mund ein- und ausströmt und wie sich eure Bauchdecke hebt und senkt. Und jetzt stellt euch vor, ihr geht einen schönen Weg entlang. Am Ende des Weges seht ihr eine kleine Rakete. Wenn ihr an euch herunterschaut, entdeckt ihr, dass ihr bereits einen Astronautenanzug anhabt. Wie praktisch.

Jetzt steigt ihr in die Rakete und setzt euch dort auf einen gemütlichen Sitz. Ihr schnallt euch an und hört, wie eine Stimme zu zählen beginnt. 10, 9, 8, 7, 6, 5, 4, 3, 2, 1, 0 – lift off! Eure Rakete wackelt ein bisschen hin und her und ihr werdet in den Sitz gedrückt. Doch nach kurzer Zeit seht ihr aus dem Fenster. Weit unter euch liegt die Erde und sie sieht so klein aus. Ihr seid tatsächlich schon im Weltraum. Es dauert auch nicht lange, da landet ihr ganz sanft auf einem fremden Planeten.

Ihr schnallt euch ab und steigt aus. Alles fühlt sich ganz leicht an. Ihr schwebt so dahin. Überall um euch herum seht ihr Krater und da, plötzlich kommt aus einem Krater ein kleines Männchen. Ein Alien? Seht es euch genau an. Wie sieht es aus? Wie bewegt es sich? Was macht es? Ich gebe euch jetzt ein bisschen Zeit, damit ihr euch mit dem Alien anfreunden könnt. (Macht nun eine kleine Pause.) So. Und nun wird es Zeit sich zu verabschieden.

Ihr geht wieder in die Rakete zurück und sie hebt vom Boden ab. Schaut noch einmal durchs Fenster. Steht der Alien noch da? Winkt er euch vielleicht zu? In Null komma nichts seid ihr wieder auf der Erde. Sicher gelandet. Atmet einmal ganz tief durch und dehnt und streckt euch. Gähnt genüsslich. Und macht dann wieder die Augen auf. Na? Was habt ihr erlebt?

Wem gehört der Mond?

Sagt mal: Darf man theoretisch mit einer Rakete zum Mond fliegen? Darf jeder den Mond betreten? Wem gehört der Mond eigentlich?

Also das mit dem Mond ist so: Man möchte ja fast meinen, der, der zuerst auf dem Mond war, dem würde dieser auch gehören, frei nach dem Motto: Was man findet, darf man behalten. Aber so ist es nicht. Denn das internationale Recht verbietet es Staaten, sich den Weltraum anzueignen. Sprich den Mond. Sonst würde ja jeder daherkommen und sagen: »Der Mond gehört mir!« oder: »Dann ist der Pluto mein Planet!«

Es gibt aber einen Amerikaner, der sich als Eigentümer des Mondes sieht, denn er hat eine Lücke im Gesetz entdeckt und da ihm innerhalb von acht Jahren niemand widersprochen hat, denkt er nun, er wäre der rechtmäßige Mondbesitzer. Er bietet jetzt Mondgrundstücke zum Kauf an. Irgendwie lustig, oder?

Und werden wir bald auf dem Mond Urlaub machen können? Da gehen die Meinungen auseinander. Einige Menschen glauben, dass wir in 100 Jahren einen Fahrstuhl zum Mond gebaut haben und dort Hotels errichtet sind.

Im Internet könnt ihr viel über den Weltraum erfahren. Zum Beispiel auch Antworten auf die Fragen:
* Wo ist in Deutschland schon mal ein Meteorit eingeschlagen?
* Wo kann man in Deutschland etwas über Raumfahrt erfahren?
* Warum leuchten Sterne?
* Wie viele Sterne gibt es überhaupt?

Man kann sich im Internet auch einen Stern kaufen und ihm einen Namen geben. Der wird dann getauft und man erhält eine Sternenurkunde.

Wochenendtagebuch

Ins Wochenendtagebuch könnt ihr Aliens malen oder schreiben, wie euer ganz eigener Stern heißt.

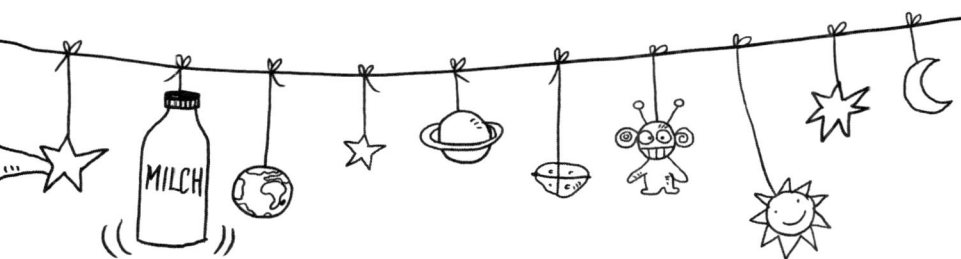

WOCHENENDE NUMMER 7

Bei Hofe

Dieses Wochenende erkunden wir die Welt der Ritter, Fürsten und Könige. Gibt es bei euch in der Nähe eine Burg oder ein Schloss, das man besichtigen kann? Dann plant doch einen Ausflug dorthin. In Ritter- und Prinzessinnenverkleidung macht die Besichtigung den Kindern sicher besonderen Spaß.

Versucht schon vor eurem Ausflug, ein wenig über die Burg oder das Schloss zu erfahren: Wer hat dort gelebt? Wie alt ist die Burg? Gibt es eine spannende Sage oder eine lustige Geschichte rund um die Burgbewohner? Meist findet man solche Informationen im Internet. Im Schloss könnt ihr auch Märchen erzählen, die in einem Schloss spielen. Oder erzählt den Kindern alles, was ihr über König Ludwig oder Prinzessin Elisabeth wisst. Vielleicht seht ihr euch auch vorher

einen Sissi-Film an. Eine alte Burg wird mit jeder Geschichte, die man hört, spannender und interessanter. In einigen Städten gibt es auch Führungen, die von Schauspielern geleitet werden, die in einem Rittergewand stecken und mit mittelalterlicher Sprache eine Figur aus dieser Zeit verkörpern.

Meine persönliche Empfehlung ist die Landshuter Hochzeit, die nur alle vier Jahre stattfindet. Für mich ist sie die schönste mittelalterliche Veranstaltung, die ich kenne. Man fühlt sich dort tatsächlich wie im Mittelalter.

Die Burg im Kinderzimmer

Falls ihr weder Burg noch Schloss in der Nähe habt, holt euch die Burgmauern einfach ins Kinderzimmer.

Aus Pappwänden oder großen Umzugskartons könnt ihr eine prima Ritterburg basteln. Einfach mit schwarzem Stift große Steine auf die Pappwände malen, sodass sie wie Mauern aussehen. Dann mit dem Cutter vorn ein Eingangstor und oben Zinnen ausschneiden. Wollt ihr keine große Burg bauen, wie wäre es mit einer kleineren für die Stofftiere oder Ritterfiguren? Türme lassen sich gut aus Milchtüten oder Chipsdosen bauen.

Natürlich braucht ihr auch noch Fahnen zum Schwenken (Ritter schwenken doch so gern). Habt ihr Lust, euch ein Wappen auszudenken und es mit Stofffarbe auf ein Leintuch zu malen? Rundhölzer für den Stab gibt es im Baumarkt. Und einen Namen braucht die Burg auch – und die Burgherren ebenfalls.

Und wie wäre es mit einer Rüstung aus Pappe, oder einem vornehmen Umhang aus Pannesamt? Und das Burgfräulein braucht natürlich ein edles Kleid. Vielleicht aus einem alten Ballkleid von Mama? Oder aus dem alten Vorhang von Oma Liese?

Und was ist mit Schwert und Schild? Die werden aus Pappe geschnitten oder vielleicht sogar aus Holz ausgesägt und dann entweder mit Alufolie umklebt oder silbern angemalt.

Die Mädchen können sich aus drei 1½ Meter langen und circa 5 Zentimeter breiten Stoffen Kopfkränzchen flechten. Die Stoffe können ruhig bunt gemustert sein. Wer möchte, kann an der Stirnseite noch einen schönen silbernen Knopf anbringen.

Um euch so richtig wie bei Hofe zu fühlen, könnt ihr ja mal versuchen, euch eine Zeit lang nur auf »Mittelalterlich« zu unterhalten. Hier ein paar Ritter-Vokabeln:
* Applaus = Handgeklapper
* ähnelt = gleicht
* Bauch = Wanst
* Diener = Lakai
* Hallo = Seid gegrüßt
* Du, Sie = Ihr, Euch
* Ich denke = mich dünkt
* Euro = Heller – Goldtaler
* Dummkopf = Hornochse, Schafskopf
* Frau = Weibsbild
* junge Frau = Maid
* junger Mann = Jüngling, Knabe
* Kommt herein = tretet näher
* Danke = habt Dank

Auch fluchen dürft ihr dieses Wochenende natürlich nur auf »Mittelalterlich«: Verflucht! Soll der Blitz dich treffen! Vermaledeit! Donnerkeil und Donnerschlag! Pest und Pocken!

Was ihr sonst noch machen könnt

Ahnengalerie

Malt zu Hause eine kleine Ahnengalerie. Oder vergrößert Fotos der ganzen Familie und klebt jedem eine Rokokoperücke und ein mittelalterliches Gewand auf. So sehen Oma, Opa, Cousine und Tante gleich ganz anders aus.

Auf zum Turnier

Bei schönem Wetter könnt ihr auch im Garten die Ritterspiele eröffnen. Dazu braucht ihr Ringe von circa 20 Zentimeter Durchmesser und eine Lanze (zum Beispiel ein Besenstiel oder ein Papprohr). Nun nimmt das Pferd (Papa) den Ritter (Kind) auf den Rücken und galoppiert an den Knappen (Mama) heran, der todesmutig den Ring in die Höhe hält. Der Ritter hat drei Versuche, dann sollte er es ge-

Arme Ritter

Und was essen Ritter und Burgfräulein, wenn sie hungrig sind? Mein Kindheitslieblingsessen – Arme Ritter oder auch Karthäuserklöße genannt.

Man braucht für 4 Personen:
- 8 Scheiben Weißbrot
- ½ l Milch
- 3 TL Zucker
- 3 Eier
- Semmelbrösel
- Butter für die Pfanne
- Vanillesoße

Und so geht es:
1. Milch, Zucker und Eier verrühren.
2. Die Weißbrotscheiben kurz darin einweichen und dann in den Semmelbröseln wälzen.
3. Butter in die Pfanne geben und die Brotscheiben ausbacken, bis sie schön braun sind.
4. Noch heiß in einer Mischung aus Zucker und Zimt wälzen. Mit Vanillesoße servieren.

schafft haben, den Ring mit der Lanze aufzuspießen und den Jubel entgegenzunehmen. Man kann so ein Pferd auch aus einem alten Kinderwagen oder einem Leiterwagen bauen. Dazu wäre ein Pferdekopf aus Pappmaschee nicht schlecht. Einer schiebt oder zieht, der andere sitzt auf dem Wagen (also auf dem Pferd).

Ritterkinderspiele

Oder spielt alte Spiele, die die Ritterkinder früher gespielt haben. Zum Beispiel:
- Kegeln
- Hufeisenwerfen
- Steckenpferdrennen
- Ringelstechen
- Stelzenlaufen
- Bockspringen

- Verstecken
- Fangen
- Blinde Kuh
- Sackhüpfen
- Murmelspiele
- Bogenschießen (Pfeil, Bogen und Zielscheibe selbst basteln)

Nusskullern

Ein anderes schönes Spiel ist das Nusskullern.
Dazu braucht ihr:
- ein Rohr (aus Pappe oder Kunststoff – so groß, dass eine Nuss darin rollen kann)
- Walnüsse
- ein Brett
- einen Hammer

Und so geht es:
Ein Mitspieler hält das Rohr an der einen Seite hoch, die andere Seite endet auf dem Brett. Dort sitzt der andere Mitspieler und hält den Hammer hoch, bereit zuzuschlagen. Jetzt kugelt die erste Nuss durch das Rohr. Wenn sie herauskommt, muss der Spieler mit dem Hammer versuchen, sie zu erwischen.

Minnesänger

Werdet zum Minnesänger. Erfindet spontan ein Liebeslied!
Zum Beispiel:
Oh will ich heute singen,
lass die Schalmei erklingen.
Komm, sing mit mir ganz leise
eine kleine nette Weise!
Dadideldideldi,
dadideldideldö.
Tanz mit mir, schöne Maid,
schwing hin und her dein Kleid,
sei lustig und stets froh,
wie der Mops im Haferstroh.
Dadideldideldi,
dadideldideldö.

Steckenpferd

Dazu braucht ihr:
* zwei alte Socken
* Füllwatte
* einen Stock (circa einen Meter lang, kommt auf die Größe des Reiters an)
* Wolle für die Mähne
* Knöpfe für die Augen
* Schnur für das Pferdegeschirr
* Nähzeug

Und so geht es:
1. Stopft die Füllwatte in eine Socke und näht die Augenknöpfe daran – das wird der Pferdekopf.
2. Wollsträhnen auf ein Stoffband nähen und das Stoffband an den Pferdekopf nähen. Oder die Wolle direkt in den Sockenkopf knüpfen.
3. Jetzt schneidet ihr aus der zweiten Socke noch zwei Ohren zurecht (sonst hört das Pferd ja nichts) und näht sie ebenfalls an den Kopf.
4. Der Stock wird nun in den Kopf geschoben und mit einer Schnur am »Hals« fixiert.
5. Noch ein Pferdegeschirr geknotet und schon geht's los im Galopp.

Beschließt das Wochenende, indem ihr Sonntagabend eine schöne Rittergeschichte vorlest, zum Beispiel *Der kleine Ritter Trenk* oder *Ritter Rost*.

Wochenendtagebuch
Wie sieht das Wappen eurer Familie aus? Und wie heißt eure Burg?

WOCHENENDE NUMMER 8

Tage des Lächelns

Lachen ist gesund. Und zwölfmal lächeln ist wie einmal lachen. Also stellen wir unser Wochenende doch unter das Motto »Lächeln«. Ist euch schon mal aufgefallen, wie selten sich die Menschen auf der Straße anlächeln? Oder in Fahrstühlen, da guckt jeder in irgendeine Richtung, nur damit er einem nicht ins Gesicht schauen muss. Aber wie schön ist es doch, wenn wir in ein Gesicht sehen und angelächelt werden. Meist ist es so ungewohnt, dass wir uns sofort fragen: Was will der von mir?, oder: Hab ich was auf der Nase, sehe ich heute irgendwie komisch aus?

So, und was machen wir nun am Wochenende des Lächelns? Erst einmal lächeln wir uns gegenseitig an. In der Familie. Dann unserem Spiegelbild. Wem es schwerfällt, der kann zur Hilfe die Mundwinkel mit den Fingern nach oben ziehen. Geht ganz einfach.

Ihr könnt auch große Smileys auf gelbe Pappe malen und sie überall in der Wohnung aufhängen. Oder mit Lippenstift einen großen Smiley an den Spiegel im Bad malen. Oder Kekse in Smileyform backen.

Aber das Tollste kommt jetzt: Dieses Wochenende habt ihr die Aufgabe, andere Menschen zum Lächeln zu bringen. Wie schafft man das? Wildfremde Menschen? Momentan gibt es eine Kunstbewegung, Guerillastricken oder -häkeln. Da wird alles umhäkelt oder umstrickt, was es eben so gibt. Die Pfosten an der Straße, Bäume, Ampeln, Fahrräder oder sogar ein ganzer Bus. Ich liebe diese Bewegung, denn sie ist einzig und allein dazu da, die Menschen, die vorbeigehen, zum

Lächeln zu bringen, ihnen eine Freude zu machen. Jetzt bleibt es nicht beim Stricken, da wird auch eine U-Bahn verschönert, indem ein Fenster mit Vorhängen behängt wird oder ein Mülleimer große Glotzeaugen aus Tischtennisbällen bekommt, sodass er wie ein Krümelmonster aussieht.

Es geht darum, etwas da draußen zu bewegen. Sich etwas Lustiges auszudenken, etwas, das niemanden stört und nichts beschädigt, aber manch einen lächeln lässt.

Ich stand zum Beispiel einmal mit meinem Auto an einer Ampel. Als diese von Rot auf Gelb sprang, stutzte ich: Ein Smileygesicht grinste mich an. Da hatte irgendjemand mit schwarzem Klebeband Augen und einen lachenden Mund auf das gelbe Licht der Ampel geklebt. Ich lachte noch, als ich schon eine ganze Weile weitergefahren war.

Was könnt ihr also tun, um die Leute zum Lächeln zu bringen?

Zum Beispiel einen Zettel mit kleinen Streifen zum Abreißen aufhängen – auf jedem Abreißstreifen ist ein kleiner Smiley und oben auf dem Zettel steht: »Ein Lächeln zum Mitnehmen«. Oder auf den Abreißstreifen stehen kleine schöne Worte wie Liebe, Freude, Eierkuchen.

Oder ihr pflanzt heimlich eine Sonnenblume an einer Straße, an der normalerweise keine Blumen wachsen? Oder ein Herz aus Blumen in eine Wiese?

Oder ihr fotografiert euch, wie ihr lächelt, und macht aus dem Foto Postkarten, die ihr an alle verschickt, die ihr zum Lächeln bringen wollt. Oder ihr malt lustige lächelnde Gesichter auf postkartengroßes Papier und werft sie in die Nachbarbriefkästen. Heute schon gelächelt?

Am Ende könnt ihr noch gemeinsam eine lustige Geschichte lesen, die euch zum Lachen bringt, oder einen ganz ganz komischen Film ansehen, bei dem ihr euch gemeinsam richtig ausschüttet vor Lachen. Denn es gibt nichts Schöneres, als gemeinsam zu lachen.

Und wenn ihr schlechte Laune habt?

Als mein kleiner Sohn einmal eine Phase hatte, in der er jeden Tag schlecht gelaunt an den Frühstückstisch kam, sagte ich zu ihm: »Hol dir bitte mal ein anderes Gesicht aus dem Pulli.« Ich zog ihm den Pulli über das Gesicht und als er wieder vorkam, musste er schon ein bisschen grinsen. »Ja, das ist schon ganz gut«, sagte ich, »aber da war noch

Hilft auch gegen schlechte Laune: Smileykuchen!

Das braucht ihr:
- ★ 1 Glas Sauerkirschen (680 g)
- ★ 200 g weiche Butter oder Margarine
- ★ 160 g Zucker
- ★ 4 Eier
- ★ 1 gestrichenen TL Zimt
- ★ 120 g Mehl
- ★ 40 g Speisestärke
- ★ 1 gestrichener TL Backpulver
- ★ 160 g geriebene Mandeln
- ★ eine Springform, circa 26 cm Durchmesser
- ★ Butter und Mehl für die Form
- ★ zum Verzieren:
- ★ 250 g Puderzucker
- ★ gelbe Lebensmittelfarbe
- ★ 5–6 EL Zitronensaft
- ★ Smarties

Und so geht es:
1. Den Saft der Kirschen abgießen und die Kirschen gut abtropfen lassen. Die Form mit Butter ausstreichen und mit Mehl bestäuben. Den Backofen auf 175 Grad (Umluft 160 Grad) vorheizen.
2. Die Butter in Stückchen in eine Rührschüssel geben und cremig rühren. Nach und nach Zucker, Eier und Zimt dazugeben und verrühren. Mehl, Speisestärke, Mandeln und Backpulver dazugeben und alles gut verrühren.
3. Zwei Drittel des Teiges in die Form geben und glatt streichen. Die Kirschen darauf verteilen. Den restlichen Teig darüberstreichen.
4. Die Form auf der mittleren Schiene des Backofens circa 40 Minuten backen. Mit einem Holzstäbchen in den Kuchen stechen; wenn kein Teig mehr am Stäbchen hängen bleibt, ist der Kuchen fertig. Abkühlen lassen, dann die Springform öffnen.
5. Aus dem Puderzucker, der gelben Lebensmittelfarbe und dem Zitronensaft einen Guss anrühren und über den Kuchen geben. Aus den Smarties Augen und einen lachenden Mund legen.

so ein viel lustigeres Gesicht letzte Woche, schau doch noch mal, ob du das nicht irgendwo findest.« Er verschwand immer wieder im Pulli und kam kurz darauf mit den lustigsten und albernsten Gesichtern heraus. Seit diesem Tag war das für uns ein beliebtes Spiel. Als ich dann einmal durch die Münchner Innenstadt spazierte und mir auffiel, wie mürrisch die meisten Menschen schauten, war ich kurz davor, zu dem einen oder anderen zu sagen: »Holen Sie sich doch bitte ein anderes Gesicht aus dem Pulli.«

Wochenendtagebuch

Und in das Wochenendtagebuch malt doch heute ganz viele verschiedene Smileygesichter.

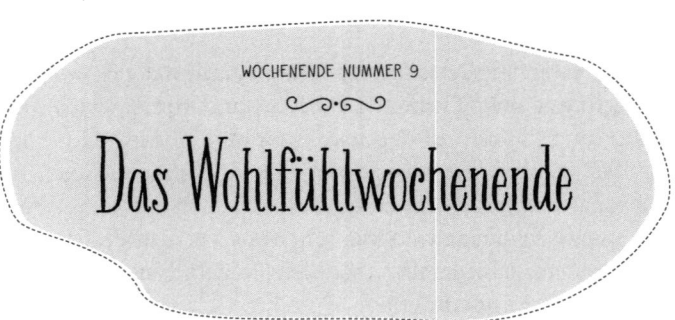

WOCHENENDE NUMMER 9

Das Wohlfühlwochenende

Man sollte sich selbst viel öfter etwas Gutes tun. Sich und seinem Körper. Wenn man mal überlegt, was der Körper für uns tut, jeden Tag aufs Neue, wie oft wir ihn überfordern, was wir alles von ihm abverlangen. Frei nach dem Motto: »A bisserl was geht oiwei no« (das ist Bayerisch – zu Deutsch heißt das: Ein bisschen was geht immer noch). Liebe Kinder, überlegt mal, was eure Füße den ganzen Tag für ein Gewicht tragen. Wie sie immer hüpfen und rennen und sausen und wirbeln. Wie viele Schritte sie jeden Tag gehen. Was eure Hände den ganzen Tag leisten. Sie tragen und greifen, den ganzen Tag. Und wie viel euer Kopf denkt. Er muss schließlich alles verarbeiten, was er den ganzen Tag sieht und hört und riecht, und er muss denken. Von morgens bis abends und sogar nachts. Was meint ihr? Ob ein Kopf, der viel denkt, schwerer ist als einer, der gerade eine Meditation macht? Und unser Magen: Der muss alles verdauen, was wir so essen. Wie es da wohl in unserem Körper hergeht. Alles wird irgendwohin transportiert. Nein, nicht irgendwohin. Der Körper weiß genau, was er braucht und was er lieber gleich wieder loswird.

Und weil unser Körper immer so viel leisten muss, wird an diesem Wochenende mal was für die Gesundheit getan.

Für das Wohlbefinden. Den Körper, den Geist und die Seele. Um euch daran zu erinnern, dass dieses Wochenende ein Wohlfühlwochenende ist, könnt ihr mit Lippenstift oder Flipchart-Markern schöne Sprüche an den Spiegel im Bad schreiben oder ihr schreibt die Sprüche auf

Zettel und hängt sie in der Wohnung auf. Zum Beispiel: »Nicht das Leben mit Tagen füllen, sondern die Tage mit Leben« (aus Japan).

Yoga

Beginnen wir nun den Samstagmorgen mit einer Stunde Yoga. Öffnet dabei das Fenster oder geht raus in den Garten. Ein Buch oder eine DVD kann man in der Bücherei ausleihen – Yoga macht auch den Kindern Spaß, denn es gibt viele Figuren, die lustige Namen oder auch Tiernamen haben: den großen Hund, die Katze, Happy Baby, die Krähe, die Sphinx, den Baum ...

Wenn ihr Yoga übrigens regelmäßig machen möchtet, empfehle ich euch ein Plakat, auf dem der Sonnengruß abgebildet ist (der Sonnengruß ist eine bestimmte Abfolge von Yoga-Figuren). Den könnt ihr selbst fotografieren und auf das Plakat kleben, dann bleibt die Reihenfolge für alle im Gedächtnis und ihr braucht nicht unbedingt eine CD oder DVD einzulegen.

Traumreise

Eine schöne Form der Meditation für Kinder ist die Traumreise. Und die geht so: Einer muss die Reise leiten. Die anderen holen sich eine kuschelige Decke und ein paar Kissen und legen sich gemütlich auf den Boden. Liegt jeder bequem? Dann liest der Traumreiseleiter mit ruhiger Stimme:

»Nun schließ deine Augen. Ganz behutsam, nicht so fest. Atme ruhig ein und ruhig wieder aus. Ein und aus. Spür, wie der Atem deinen ganzen Körper füllt und wie er beim Ausatmen wieder ganz leer wird. Spür, wie der Bauch sich hebt und wieder senkt. Und jetzt stell dir vor, du gehst über eine wunderschöne grüne Wiese. Die Wiese ist so groß, dass du nichts anderes siehst als Gras und Blumen. Die Blumen überragen dich und du fühlst dich klein wie eine Ameise. Da steht plötzlich vor dir ein Korb mit einem Luftballon. Du krabbelst in den Korb hinein und kaum sitzt du drin, erfasst den Luftballon ein kleiner Windhauch und der Ballon fliegt mit dem Korb und dir darin Richtung Himmel. Der Ballon schwebt sacht hin und her. Und du genießt die Aussicht. Du beobachtest, wie

die Welt unter dir immer kleiner und kleiner wird. Und da, da fliegt ein kleiner Vogel vorbei. Er winkt dir mit einem Flügel und du winkst zurück. Und noch höher geht es. Jetzt bist du in den Wolken. Du streckst eine Hand aus und versuchst, eine Wolke zu berühren. Und du schaffst das auch. Wie fühlt sich die Wolke an? Kann man sie essen? Ist sie so süß wie Zuckerwatte? Oder schmeckt sie nach nichts? Vorsichtig wagst du dich aus dem Korb heraus. Erst mit einem Bein, dann mit dem anderen. Kannst du auf einer Wolke stehen? Oder sogar gehen? Oder sogar hüpfen? Jetzt legst du dich auf die Wolke drauf, mmmmm, sie ist ganz weich. Und du fliegst mit ihr ein Weilchen weiter. Du genießt den Wolkenritt. Bis du genug davon hast. Nun steigst du wieder in den Korb und der Ballon bringt dich langsam, ganz langsam wieder auf die Erde. Du steigst aus dem Korb aus und gehst über die Wiese nach Hause. Und wenn du da ankommst, dann dehnst und streckst du dich. Gähnst genüsslich. Atmest noch einmal tief ein und wieder aus und öffnest schließlich wieder die Augen.«

Wenn alle wieder »zu Hause« angekommen sind, kann man sich über die Traumreise noch unterhalten. Hat einer vielleicht etwas gesehen auf seiner Wolkenreise, das die anderen nicht gesehen haben? Wie haben sich die Wolken angefühlt und wie haben sie geschmeckt?

Bei kleineren Kinder empfehle ich, die Reise wesentlich abzukürzen. Man hat das ja im Gespür, wie lange die Kinder es schaffen, ruhig zu liegen. Das ist auch Übungssache. Je öfter man auf Traumreise geht, desto länger kann man liegen und sich auf die Geschichte konzentrieren.

Vitamincocktail

Nach dem Yoga gibt es ein gesundes Frühstück. Mit Müsli und einem leckeren Vitamincocktail.

Für den Cocktail braucht ihr:
- 125 g frische oder tiefgekühlte Himbeeren (ihr könnt auch gemischte Waldbeeren nehmen)
- 1 rote Grapefruit
- 1 Orange
- 1 Zitrone
- 200 ml Sojamilch
- 2 TL Leinöl
- 4 TL Hefeflocken
- 2 EL Sanddornsaft
- 1 EL Honig
- 1 Prise Zimt

Alles in den Mixer und mixen.

Reden ist Silber – Schweigen ist Gold!

Schweigen, wenn man allein ist, ist ja einfach, aber wie ist das in Gemeinschaft, wenn die ganze Familie zusammen ist? Gelingt es allen, eine Stunde die Stille zu ertragen? Auf los geht es los.

In dieser Zeit, in der wir immer und überall berieselt werden, tut Stille unglaublich gut. Auch ein Spaziergang durch den Wald in Stille ist einfach wunderbar. Man kommt wieder ganz bei sich an.

Damit es den kleineren Kindern leichter fällt, ihre kleinen Mäulchen mal für ein Weilchen zu halten, kann man die Münder mit einem imaginären Schlüssel abschließen und den Schlüssel in die Tasche stecken. Nach einer bestimmten Zeit sperrt man alle Münder wieder auf. Vielleicht darf das Kind den Eltern den Mund ebenfalls abschließen.

Wie lange man schweigend so durch den Wald geht, ist jedem selbst überlassen. Es hängt natürlich auch davon ab, wie lange die Kinder so etwas durchhalten. Bei uns wirkte immer der Satz gut: »Jetzt wollen wir doch mal sehen, wer es am längsten aushält zu schweigen.«

Ernährung

Esst dieses Wochenende kein Fleisch und auch keine Süßigkeiten. Kauft gemeinsam auf einem Markt frisches Gemüse und bereitet ein Mahl zu, bei dem sich der Körper richtig wohlfühlt. Außerdem muss man sich auch einmal beweisen, dass man von nichts abhängig ist. Stellt für jeden eine 1½-Liter-Wasserflasche bereit (Bändchen drum mit Zettel, auf dem der Name des Familienmitglieds steht). Wer schafft es, die Flasche bis zum Abend auszutrinken?

Bewegung

Joggen um den See? Durch den Wald? Mit der ganzen Familie! Gestaltet einen eigenen Trimmdichpfad – dazu müsst ihr euch auf eurem Weg einfach überlegen, was wo gesportelt wird: Kniebeugen, Liegestützen, Hüpfen, Slalomlaufen, Klimmzüge, Bauchmuskelübungen ... Vielleicht wollt ihr heute auch Tennis spielen, oder Federball, oder ihr geht schwimmen?

Und am Abend wird gebadet. Mama mit Papa bei Kerzenschein? Vielleicht bekommen die Kinder ein herrliches Fußbad mit anschließender Fußmassage.

Und für die Haut?

Besorgt euch verschiedene kleine Packungen mit Gesichtsmasken in der Apotheke. Jeder darf sich eine aussuchen. Oder macht euch eine Maske selbst. Zum Beispiel eine Papocadomaske (also eine Maske aus Papaya und Avocado), die wirkt reinigend, glättend und straffend.

Dazu braucht man:
* 100 g Papaya
* 1 TL Honig
* 1 Eigelb
* eine halbe Avocado
* 1 TL Olivenöl

Und so geht es: Papaya und Avocado pürieren und mit den anderen Zutaten mischen. Die Maske auf die gereinigte Haut auftragen, circa 15 Minuten einwirken lassen. Vorsichtig mit warmem Wasser wieder abspülen.

Oder ihr probiert es mal mit einer Sabanemaske (Also Sahne-Banane).
Dazu braucht man:
* 1 kleine reife Banane
* 2 EL süße Sahne
* 1 EL Honig
* 1 EL Hafermehl
* 4 Tropfen Rosenwasser
* ein wenig stilles Mineralwasser

Und so geht es: Banane mit einer Gabel zerdrücken, Sahne, Honig, Rosenwasser und Hafermehl dazugeben. Alles gut vermischen. Falls die Masse zu fest wird, etwas Mineralwasser dazugeben. Falls sie zu flüssig wird, etwas mehr Hafermehl hinzufügen. Ebenfalls auf das gereinigte Gesicht auftragen – ruhig auch auf den Hals und das Dekolleté. 15 Minuten einwirken lassen und mit einem warmen feuchten Waschlappen wieder abnehmen.

Jetzt kann man sich natürlich überlegen, ob man diese leckere Maske vielleicht lieber essen möchte, anstatt sie sich ins Gesicht zu schmieren. Aber fest steht, bei Hautirritationen wirkt sie Wunder. Sie beruhigt die Haut und macht sie stark. Und wenn man – versehentlich – mit der Zunge über die Lippe schleckt und – rein zufällig – ein wenig davon verschluckt, dann macht das auch nichts!

Und für die Haare?

Wie wäre es mit einer Spülung aus Olivenöl, etwas Honig, Zitrone, Avocado und Milch? Alle diese Dinge tun den Haaren gut – man kann zusammenmischen, was man möchte, die Mischung ins Haar massieren, ein paar Stunden oder sogar über Nacht einwirken lassen und dann gründlich wieder ausspülen.

Massage

Die meisten Kinder lieben Massagen. Zum Beispiel auf dem Kopf – wir nannten das immer Lausen, dabei zieht man ganz sacht an den Haaren, als würde man nach Läusen suchen (was wir im Übrigen tatsächlich manchmal mussten). Versucht es doch einmal mit einer sanften Gesichtsmassage. Streichelt dabei dem Kind mit einem Finger ganz sacht über die Nase, die Stirn, um den Mund. Leichte Spiralen formen, so als würdet ihr das Gesicht bemalen. Das kitzelt ein bisschen, tut aber unglaublich gut.

Weiter geht es mit einer Handmassage. Handfläche und Finger zart streicheln. Und schließlich eine Rücken- beziehungsweise Ganzkörpermassage, die darf auch ein bisschen fester sein. Walken und Kneten. Wie eine kleine Pizza. Meine Kinder haben sich immer auf den Bauch gelegt und gesagt: »Mama, mach mir eine Pizza.« Und dann wurde der »Teig« geknetet, ausgewalkt und belegt und schließlich in den Ofen geschoben, dazu habe ich meine Hände ganz schnell aneinandergerieben und dann die heißen Handflächen auf den Rücken der Kinder gelegt.

Am Sonntagabend schließlich gibt es ein Tänzchen. Das gehört nämlich auch zum Wohlfühlprogramm, denn Tanzen macht glücklich. Ob langsam oder wild ist völlig egal – Musik an und los geht's.

Zu guter Letzt gibt es noch einen nicht so leckeren Kräutertee oder eine sehr leckere heiße Milch mit Honig, damit alle an diesem Wohlfühlwochenende gut schlafen können. Gute Nacht und wohlige Träume.

Wochenendtagebuch

Im Wochenendtagebuch könnt ihr aufschreiben, was euch guttut. Was braucht jeder Einzelne von euch, um sich wohlzufühlen?

WOCHENENDE NUMMER 10

Repariertage

Kennt ihr das? Am Hemd fehlt ein Knopf, an der Lieblingskanne der Henkel, am Spielzeugauto ist ein Rad ab, aus dem Schulbuch fallen die Seiten raus und die Leiste im Kinderzimmer wollte man schon längst mal festmachen. Genauer gesagt, seit man eingezogen ist. »Das mach ich dann später«, hat man sich damals gesagt.

Inzwischen sieht man die Macken hier und da gar nicht mehr und die Dinge, die gerichtet werden müssen, liegen auf einem Stapel herum und warten auf bessere Zeiten. Bei uns war es zum Beispiel eine Kinderhose, die auf einen neuen Knopf wartete. Sie wartete so lange, bis sie dann schließlich nicht mehr passte. »Leg es einfach auf Papas Schreibtisch, der richtet das!«, haben wir immer gesagt, bis Papa kaum noch Platz zum Arbeiten hatte.

Die Stofftiere und Puppendinge wiederum landeten alle bei mir, »Das kann man wieder nähen« – nur wann? Am besten bevor die Kinder ausgezogen sind. Aber die Zeit rinnt manchmal so schnell dahin, und gibt es nicht immer wichtigere Dinge zu tun?

Deshalb empfehle ich euch nun die Repariertage. Dieses Wochenende ist es so weit. Also Ärmel hoch und reparieren, auch das kann Spaß machen, wenn man es gemeinsam tut.

Dafür sammelt ihr die Woche über alle zu reparierenden Dinge in einem extra dafür aufgestellten Korb. Außerdem wird am Samstagmorgen für jedes Zimmer eine Liste angefertigt, was dort zu erledigen ist. Hier blättert ein wenig Farbe von der Wand, dort könnte man einen kleinen Haken für das Handtuch brauchen, das Foto vom Urlaub wollte man auch schon lange mal aufhängen. Jetzt prüft ihr, ob alles Werkzeug vorhanden ist, oder ob ihr erst gemeinsam in den Baumarkt fahren müsst, um noch etwas zu besorgen.

Und dann geht es los. Es wird gehämmert, geschraubt, geklebt und genäht. Dabei kann einer von euch ein Buch vorlesen oder ihr schiebt ein Hörspiel in den CD-Player.

Alle machen mit, das heißt, jeder bekommt eine Aufgabe, der er gewachsen ist. Wer kann schon hämmern, wer nähen, wer mit Gips die Wand ausbessern? Auch die Kleinen können helfen und auf Schmierpapier alle Stifte des Hauses ausprobieren. Die Stifte, die nicht mehr gehen, werden aussortiert und sofort weggeworfen.

Zerliebte Plüschtiere kommen zum Puppendoktor (Mama oder Papa), der ihnen erst eine kleine Narkose verpasst, bevor er sie näht. Verband oder Pflaster bereitlegen, dann bekommen die kuscheligen Gefährten strengste Bettruhe verordnet. Für den Besitzer gibt es ein Gummibärchen, weil er so tapfer war.

Am Ende des Wochenendes ist endlich alles mal wieder in Ordnung. Belohnt euch mit einem schönen Essen bei Kerzenschein und freut euch – auch wenn sicher bald die nächsten Dinge im Korb der kaputten Sachen landen.

Aber der nächste Repariertag kommt bestimmt.

Wochenendtagebuch

Und was habt ihr nun heute alles repariert?

PS: Wenn es nichts zu reparieren gibt, könnt ihr natürlich auch pimpen. Ein Schränkchen neu anmalen, eine Wand mit schönen Bildern behängen, der alten Lampe eine schöne Ummantelung häkeln … und schon sieht alles ein bisschen verändert aus.

WOCHENENDE NUMMER 11

Regentage

Oh ja, davon gibt es viele. So viele, dass man manchmal den totalen Schönwetterstress bekommt, weil man unbedingt raus muss, wenn mal die Sonne scheint. Aber wenn dann die Sonne mal länger geschienen hat, ist so ein Regentag zwischendurch gar nicht schlecht. Er kann sogar richtig schön sein. Und was kann man alles so tun an Regentagen?

Schirm bemalen

Bemalt doch mal einen Schirm. Ich finde die langweiligen Schirme immer so … langweilig. Regen ist nun schon mal nicht so lustig, da muss man doch wenigstens lustige Schirme haben. Kauft euch zum Beispiel einen weißen Schirm und schreibt mit Stoffmalfarbe lustige Dinge darauf wie: »Hurra, endlich Regen!«

Gummistiefelvasen

Aus Gummistiefeln, die nicht mehr passen, kann man Vasen machen. Oder einen Sonnenblumensamen hineinpflanzen. Damit der Schuh, wenn er so lange mit Wasser gefüllt ist, nicht zu schimmeln anfängt, stellt eine schmale Vase oder ein altes Marmeladenglas hinein. Stellt die Gummistiefelvasen ans Fenster. Gibt es etwas Schöneres als eine Sonnenblume, die aus einem Gummistiefel wächst?

Ab in den Regen!

Man kann auch am Fenster stehen und dem Regen eine Weile zusehen. Wie die Regentropfen auf der Fensterscheibe herunterlaufen, als würden sie an einem Wettrennen teilnehmen. Warum ziehen die Menschen, die im Regen gehen, immer die Schultern hoch und haben so griesgrämige Gesichter? Wird man dann vielleicht weniger nass? Beobachtet euch mal selbst, wie ihr durch den Regen lauft. Kann man nicht auch fröhlich durch den Regen gehen? Das müsst ihr unbedingt ausprobieren. Also Regenjacke und Schuhe an und raus mit euch! Wer kann über die größten Pfützen springen?

Regensumoringerpfützenwettbewerb

Sucht euch eine schöne Pfütze und stellt euch wie zwei Sumoringer einander gegenüber, die Pfütze in der Mitte. Keiner steht in der Pfütze. Reicht euch die Hände. Nun müsst ihr versuchen, den anderen in die Pfütze zu ziehen. Wem es gelingt, der hat gewonnen. Verbeugen nicht vergessen. Vor und nach dem Kampf. Verbeugen ist auch bei Regensumoringern ganz wichtig.

Und was noch?

Lasst doch mal ein Schiffchen durch eine Pfütze fahren. Gebastelt aus einer Nussschale oder aus einer Zeitung gefaltet. Auch Blätter sind gute Boote – und wenn man pustet, kann man sie um die Wette fahren lassen. Zwischen Pfützenhausen und Matschedonien liegt Schlammingen. Noch nicht gewusst? Dann nichts wie hin. Rummatschen macht Spaß. Vielleicht könnt ihr auch im Sandkasten mit einer Schaufel einen See ausheben. Oder eine Matschburg im Sandkasten bauen. Ihr könnt auch mit großen Steinen oder Ästen eine Brücke über die größte Pfütze bauen und versuchen, darüberzubalancieren. Zählt die Regenwürmer, die ihr seht. Tanzt im Regen!

Und wenn es sich um einen warmen Sommerregen handelt: Badehosen an! Und raus mit euch! Lauft doch einfach barfuß durch die Pfützen – das sind echte Kindheitserinnerungen!!! Draußen duschen, im warmen Regen. Herrlich. Und wenn ihr doch kalte Füße bekommt – gibt es zu Hause ein warmes Fußbad und heiße Milch mit Honig.

Und was singen wir, wenn wir da so im Regen herumhüpfen?
Klar: *I'm Singing in the Rain!* Oder *Regen, Regentröpfchen:*

Regen, Regentröpfchen
Es regnet auf mein Köpfchen
Regnet ohne Unterlass
Alle Blümchen werden nass
Regen, Regentröpfchen
Es regnet auf mein Köpfchen
Alle Blümchen sagen Dank
für den schönen Himmelstrank!

Pyjamatag

Wenn ihr genug habt vom Regen, könnt ihr auch aus einem Regentag einen Pyjamatag machen: Niemand muss sich heute anziehen. Den ganzen Tag im Bett, den ganzen Tag im Schlafanzug!

Solch ein Pyjamatag sollte unbedingt mit einem wundervollen Frühstück im Bett beginnen. Alle treffen sich im Elternbett, weil das am größten ist. Jeder bringt seine Kissen mit, damit man gemütlich sitzen kann. Habt ihr keine Bettfrühstückstabletts (die mit den Stützen, die man sich über die Beine stellen kann), nehmt einfache Tabletts oder ein Brett, oder ihr stellt einen kleinen Tisch ans Bett. Einfacher ist es schon, wenn die Brote bereits geschmiert sind. Und dann sitzt ihr einfach gemütlich zusammen. Redet oder lest ein Buch vor. Wenn das Frühstück weggeräumt ist, darf auch wild getobt oder eine Kissenschlacht veranstaltet werden. Kuscheln gehört natürlich auch zu einem Pyjamatag.

Wochenendtagebuch

Malt eure Familie unter einem großen Regenschirm. Oder entwerft lustige Regenoutfits.

Das tierisch gute Wochenende

WOCHENENDE NUMMER 12

An diesem Wochenende dreht sich alles um Tiere. Auch wenn ihr vielleicht kein Haustier habt, es gibt genügend Möglichkeiten, Tieren zu begegnen. Zum Beispiel im Zoo. Nun wart ihr sicher alle schon häufiger im Zoo und denkt jetzt: Ach, wie *originell!* – aber es gibt durchaus ein paar Ideen, den Zoobesuch auch einmal anders zu gestalten.

Zootiere zeichnen

Nehmt jeder einen Malblock und Stifte mit, vielleicht auch Wasserfarben. Und dann malt die Tiere, die ihr im Zoo seht – als schwarzweiße Bleistiftskizzen oder auch bunt. Vielleicht malt ihr auch nur die verschiedenen Fellstrukturen und Muster ab.

Wie? Ihr sagt, ihr könnt nicht malen und schon gar nicht Tiere?

Dann wird es Zeit, dass ihr es lernt. Setzt euch vor ein Tier und seht es euch ganz genau an. Welche Formen gibt es da, welche Merkmale hat es? Nehmen wir zum Beispiel einen Elefanten: ein großes Oval für den Bauch, ein Kreis für den Kopf. Wenn ihr jetzt noch dicke Beine, einen dünnen Schwanz mit Puschel, einen langen Rüssel, zwei spitze Zähne und zwei große Ohren dazumalt, ist er schon fertig und jeder wird sofort erkennen, welches Tier ihr da gemalt habt.

Denn auf das Wesentliche kommt es an. Erst schauen, dann malen. Was sind die wichtigsten Merkmale? Woran erkennt man das Tier?

Malt so oft einen Elefanten ab, bis ihr einigermaßen zufrieden seid, ich verspreche euch, es wird immer besser.

Fotosafari

Wer schießt das beste, außergewöhnlichste Tierfoto? Vielleicht bekommt dafür jeder aus der Familie eine Einwegkamera mit 36 Aufnahmen, die man dann noch so richtig entwickeln muss. Es ist spannend, nur 36 Aufnahmen zur Verfügung zu haben, da muss man sich schon genau überlegen, wo und wann man abdrückt.

Oder jedem wird ein Thema zugeteilt: Tiere in Afrika; alles, was gestreift ist; alles, was im Wasser lebt; oder Tierparkbesucher – vielleicht kann man diese aus der Sicht der Tiere fotografieren. Stopp – damit meine ich jetzt nicht in den Löwenkäfig steigen, das muss man schon geschickter lösen.

Ihr könnt auch eine kleine Rallye oder ein Quiz im Tierpark veranstalten. Dazu bekommt jeder eine Liste mit Dingen, die er finden muss:
Finde ein Tier ...
... das auf Bäumen lebt,
... das so alt wird wie kein anderes,
... das am Tag schläft,
... von jedem Kontinent.

Welches ist das größte, das älteste, das kleinste, das schnellste, das komischste Tier im Zoo?

Wie viel Geld kostet das Futter für einen Tag Zoo?

Dazu müssen dann erst mal Informationsschilder gelesen oder Tierpfleger befragt werden.

Tierforscher

Jetzt ist Beobachtung gefragt. Wie verhalten sich die Tiere? Leben sie in Gruppen oder sind sie eher Einzelgänger? Sind sie faul oder lebhaft? Wie und was fressen sie? Alle Beobachtungen werden in ein kleines Forscherbuch geschrieben, wer möchte, kann später noch Bilder aus Prospekten oder Zeitschriften ausschneiden oder ein selbst gemachtes Foto dazukleben.

Ist kein Zoo in der Nähe, könnt ihr ein Tierheim besuchen. Viele Tierheime brauchen Freiwillige, die mit den Hunden Gassi gehen. Ein Erlebnis auch für eure Kinder, wenn ihr keinen eigenen Hund habt! Auch ältere Herrschaften mit Hund freuen sich über einen zuverlässigen Gassigeher – und für Familien sind Leihhunde etwas sehr Praktisches.

Oder wie wäre es mit einem Wochenende auf einem Bauernhof? Zwischen Kühen und Schweinen, geweckt vom Hahn, mit frischen Hühnereiern zum Frühstück. Ich fand das als Stadtkind immer sehr spannend und habe es geliebt, die Kühe zu striegeln. Die hatten es auch nötig. Zum Schluss waren die Kühe sauber und ich dreckig – ich habe bis zum Himmel gestunken. Aber wir waren glücklich. Die Kühe und ich.

Wenn es keinen Zoo und auch kein Tierheim und auch keinen Bauernhof in der Nähe gibt, wie wäre es dann mit einer Zoohandlung? Besser als nichts. Und Fische, Kaninchen und Mäuse kann man dort auf jeden Fall besichtigen.

Zuhausezoo

Aber auch zu Hause kann man ein tierisches Wochenende verbringen: Klebt doch eine große Tiercollage auf ein riesiges Plakat! Die Tiere können selbst gemalt oder aus Zeitschriften ausgeschnitten werden. Alles wird wie ein richtiges Wimmelbild auf das Papier geklebt. Ein Wimmelbild im Zoo oder ein Wimmelbild im Dschungel?

Am besten bereitet ihr euch dafür einen Maltisch vor. Bei uns ist der Maltisch unser ganz gewöhnlicher Esstisch. Mit einer Unterlage und einem Stapel Papier und unserem superduper Holzstiftekasten (der, der nur bei Maltischaktionen rausgeholt wird) wird er zum Maltisch. Jetzt setzen sich alle Familienmitglieder daran und begleitet von einem schönen Hörspiel und einem Schälchen Gummibärchen oder Tierkeksen wird losgemalt.

Zum Beispiel sagt einer, was gemalt wird:

Mal mal einen Krokofanten! Und wie sieht ein Krokofant aus? Ja, das ist die Frage. Genausogut kann man ein Entendil, einen Mamagei, einen Camenbär, eine Brillenschlange oder eine Elefantenfliege malen, aber auch eine Nebelstute, eine Holzbiene, Flugschlange, Fettmücke,

Der Zwirbeldinger
Gedicht von Sabine B.

Es war einmal ein Zwirbeldinger,
ein kleiner aber nicht geringer,
der krabbelte auf meinen Finger,
und holte aus zu einem Schwinger,
doch er war kein guter Springer
und landete – im Dreck,
da war der Zwirbeldinger weg!

Schmollkatze, Dinogei oder noch wilder: einen Zwirbeldinger oder einen Grottenschleicher oder die berühmte Zottelschlange.

Aus all diesen lustigen Tierbildern könnt ihr, wenn ihr möchtet, auch ein Buch machen. Habt ihr Lust, euch zu den Bildern noch kurze Geschichten auszudenken oder kleine Gedichte? Vielleicht könnt ihr die Bilder auch einscannen und ein Fotobuch vervielfältigen. Dann habt ihr für die Verwandtschaft gleich ein wunderschönes Weihnachtsgeschenk!

An einem Tierwochenende dürfen die Plüschtiere auch nicht zu kurz kommen: Näht doch einigen von ihnen ein Kleidchen oder strickt ihnen eine Mütze – vielleicht passt einem großen Bären sogar ein Strampelanzug, aus dem die Kinder mittlerweile herausgewachsen sind. Und vielleicht könnt ihr aus einem Karton einen kleinen Kleiderschrank basteln, oder ihr holt euch im Schuhgeschäft Schuhkartons (am besten vorher anrufen, die meisten Schuhgeschäfte zerreißen die Kartons gleich, aber wenn man sagt, man kommt in einer Stunde vorbei, kann man ein paar abholen) und bastelt kleine Betten. Oder einen Stofftierzug, oder ein Stofftierauto.

Vielleicht habt ihr auch Lust, ein ganz neues Stofftier zu nähen. Das ist gar nicht so schwer.

Ihr könnt auch einen Bauernhof oder einen Zoo für diese kleinen Tierfiguren aus Gummi bauen. Oder formt doch aus Ton oder einer anderen Knetmasse selbst Tiere.

Zum Abschluss hier noch zwei schöne Tierspiele:

Der Schäfer sucht seine Schafe: Ein Kind ist der Schäfer und lässt sich die Augen verbinden. Alle anderen sitzen im Kreis. Der Schäfer setzt sich auf einen Schoß und sagt: »Mach mal Määh, kleines Schaf!« Jetzt muss das kleine Schaf Mäh sagen und der Schäfer muss erraten, um wen es sich handelt. Hat er es erraten, muss derjenige, der Mäh gesagt hat, der Schäfer sein.
Was bin ich?: Jedem wird ein Zettel auf die Stirn geklebt. Darauf steht ein Tier. Bei kleineren Kindern, die noch nicht lesen können, kann man die Tiere auch malen. Keiner weiß natürlich, was auf seiner Stirn steht. Jetzt muss jeder nacheinander raten, welches Tier er wohl sein könnte: »Bin ich ein großes Tier? Bin ich auf dem Bauernhof zu Hause? Hab ich Federn?« Die anderen antworten mit Ja oder Nein. Man darf so lange fragen, bis die Antwort der anderen ein Nein ist; hat man das richtige Tier erraten, darf man den Zettel von der Stirn abziehen und hat gewonnen.

Ach ja und noch was Wichtiges: Gekocht wird an diesen Tagen natürlich vegetarisch!

Wochenendtagebuch

Malt doch mal einen Wolpertinger!

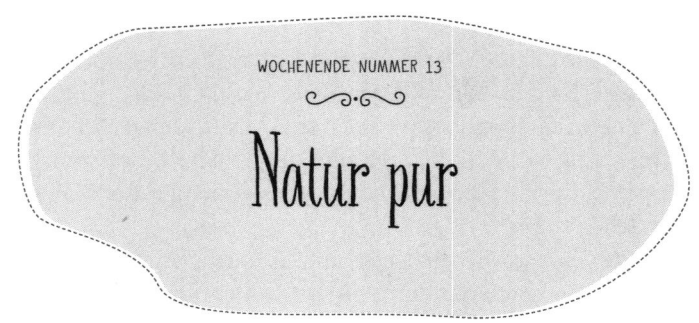

WOCHENENDE NUMMER 13

Natur pur

Dieses Wochenende würde ich viel öfter einschieben. Denn nichts tut so gut wie die Natur. Vergleicht mal die Laune eurer Kinder nach einem Tag an der frischen Luft mit der nach zwei Stunden Fernsehen. Natur erdet. Die Kinder und natürlich auch die Erwachsenen. Ich finde, wenn man in einer Großstadt lebt (so wie ich), kann man manchmal förmlich spüren, dass, wohin man auch geht, keine Erde unter einem ist. Straße, Pflastersteine, Tiefgaragen, Unterführungen, U-Bahnen. Keine Verbindung zur Erde. Keine wirkliche. Wenn ich aber in den Bergen oder in einem Wald bin, dann habe ich das Gefühl, die Erde wirklich zu spüren. Das verleiht einem so viel Glück und Energie. Vielleicht brauchen wir das heutzutage besonders, wo wir umgeben sind von so vielen Strahlungen.

Ihr könnt eurer Familie also nichts Besseres bieten als einen Tag im Wald, auf einer Wiese, an einem See, am Meer oder in den Bergen!

Ich weiß ja nicht, wie weit euer nächster Berg weg ist, aber wenn es möglich ist, geht es diesen Samstag in die Berge.

Vorbereitung

Kauft oder kocht am Freitag leckere Dinge, die man gut im Rucksack mitnehmen kann. Wie zum Beispiel: Hackfleischbällchen (oder »Fleischpflanzerl«, wie wir in Bayern sagen), belegte Brote, Karotten und Paprika mit Dip, Kekse und natürlich etwas zu trinken.

Außerdem werden am Freitag der Berg und die Route bestimmt. Ich finde ja einen Berg mit einer Alm immer ganz nett. Es gibt doch kaum was Besseres, als oben nach dem anstrengenden Aufstieg ein Glas Milch zu trinken oder einen Kaiserschmarrn zu essen. Am Samstag heißt es dann früh aufstehen. Ihr werdet es nicht bereuen. Vor allen anderen seid ihr auf den Straßen – ohne Stau. Wie? Es regnet? Macht nichts. Die Berge sind immer schön. (Na ja, wenn es schüttet oder sehr stark windet, dann verschiebt dieses Vorhaben vielleicht doch noch. Ich möchte ja schließlich nicht, dass es euch wegweht.)

Den Berg hinauf

Dann kommt der Aufstieg. Damit es euren Kindern nicht so schnell langweilig und zu anstrengend wird und die Frage »Wann sind wir endlich da?« nicht gleich nach zehn Minuten und dann im 5-Minuten-Takt gestellt wird, habe ich ein paar Vorschläge für euch:

* Singt Wanderlieder *(Das Wandern ist des Müllers Lust, Ein Hut, ein Stock, ein Regenschirm ..., Eisgekühlte Coca-Cola ...)*.
* Spielt das A–Z-Spiel. Zuerst wird bestimmt, was man sucht, zum Beispiel: Lieder. Dann geht es bei A los. Der Erste, nennen wir ihn Papa, singt also: *Alle meine Entchen ...*, der zweite Spieler, nennen wir ihn Mama, überlegt sich nun ein Lied mit B: *Bibi Blocksberg, die kleine Hexe*. Kind 1 sucht ein Lied mit C, Kind 2 eines mit D und dann fängt der Papa wieder an und muss ein Lied mit E singen. Jeder darf einmal, wenn ihm nichts einfällt, einen Joker spielen, das heißt, er darf einen anderen wählen, der für ihn singt. Man kann beim A–Z-Spiel auch Fantasiefiguren erfinden, Namen, Prominente, Filme, Märchenfiguren und so weiter.
* Findet ihr Blätter im Wald, die so groß sind, dass man sie als Hüte aufsetzen kann?
* Kann man Pfeile oder andere Zeichen auf den Boden legen, die man beim Abstieg später wiederfindet?
* Habt ihr einen Bleistift und Papier dabei? Dann könnt ihr versuchen, eine Rinde oder ein Blatt durchzuschraffieren.
* Legt für andere Wanderer Herzen aus Steinen oder Stöcken.
* Die Kinder könnten vorauslaufen und sich verstecken.

- Ist es warm genug? Könnt ihr vielleicht ein Stück barfuß durch den Wald gehen?
- Gibt es spannende Abkürzungen?
- Geht mal ein Stück schweigend und lauscht den Geräuschen der Natur. Wer hält es am längsten aus, ohne etwas zu sagen?

Und wenn's gar nicht mehr geht?
- Für alle 100 Schritte einen Kuss?
- Für alle 100 Schritte ein Gummibärchen? Oder eine Nuss?
- Füße in einen Bach hängen und kühlen!
- Frisches Wasser aus einer Quelle trinken!
- Schritte schätzen. Wie viele Schritte sind es wohl bis zur nächsten Biegung?
- Geschichten von Waldtrollen und Elfen erzählen – vielleicht findet ihr auch ein paar Elfenhäuser unter einem Baum.
- Rückwärts gehen.
- Wer denkt sich die lustigsten Gangarten und Schritte aus? Einer sagt zum Beispiel: »Schleichschritt«, dann werden die nächsten zehn Schritte geschlichen. Der Nächste sagt: »Hüpf-über-den-Graben-Schritt« und schon gibt es von allen zehn Hüpf-über-den-Graben-Schritte. Und so weiter, bis man schließlich auf dem Berg ankommt.
- Und wer oder was ist denn eigentlich dieser Yeti?

Endlich oben

Und dann ist man auf dem Gipfel. Und fühlt sich gut. Denn man hat ganz schön was geschafft. Jodelt doch gleich vor Freude mal runter ins Tal: Hollaraidüllüööööööö!

Oder sprecht mit dem Echo: Wer ist der Bürgermeister von Wesel? Echo: Esel! – Was kostet die Butter in Dänemark? Echo: eene Mark! – Was essen die Studenten? Echo: Enten! – Was haben Reiche in der Tasche? Echo: Asche!
Tragt euch in das Gipfelbuch ein!
Wo kommen die Berge eigentlich her? Sind die schon immer da gewesen? Oder sind die gewachsen wie Blumen? Wachsen Berge nach? Wie sind die Berge entstanden?
Und vielleicht gibt es sogar eine Hütte, auf der man übernachten kann? Ein Erlebnis nicht nur für die Kinder!

Wochenendtagebuch
Klebt doch das Papier mit der durchschraffierten Baumrinde ein.

WOCHENENDE NUMMER 14

Sommer!

Eines der schönsten Dinge im Sommer ist, dass man nicht so viel anziehen muss. Das geht so schön schnell. Man kann einfach in T-Shirt, Röckchen und ein paar Flipflops rausgehen. Und das fühlt sich so leicht an. Und was kann – muss – man an so einem richtigen Sommerwochenende alles tun?
Am besten schreibt ihr eine Liste:

* Kreischend durch einen Springbrunnen laufen.
* Ins Freibad gehen oder zum See fahren.
* Abends am Flussufer grillen, mit Gitarrenmusik und Lagerfeuerliedern.
* Eine Wasserschlacht mit Wasserbomben und Spritzpistolen machen (organisiert die größte Wasserschlacht eurer Stadt, denn in jedem Erwachsenen steckt auch immer noch ein Kind).
* Eine Nacht auf dem Balkon schlafen oder im Zelt im Garten oder ohne Zelt in der Hängematte – unter dem Sternenhimmel – und Sternschnuppen zählen.
* Die Erdbeerzeit genießen: Geht zum Erdbeerpflücken auf ein Feld und holt euch so viele Erdbeeren, dass ihr davon Marmelade einkochen, Erdbeerquark, Erdbeerkuchen und Erdbeermilchshake zubereiten könnt, und das Wichigste: sie direkt im Mund verschwinden lassen könnt.
* Mehrere Planschbecken im Garten aufstellen und eine Poolparty veranstalten.

* Im Hof einen Cocktailstand eröffnen.
* Glühwürmchen fangen.
* Barfuß laufen, das ganze Wochenende.
* Nachts in einen See springen.
* Zur Lieblingseisdiele gehen und so viele Kugeln essen, wie man schafft.
* Eine riesige Sandburg im Sandkasten bauen.
* Muscheln im Sandkasten vergraben.

Sommerfest

Jeder bringt einen Tisch und Stühle mit und dann wird in der Straße oder im Garten eine lange Tafel gedeckt. Hängt Lampions in die Bäume oder stellt Kerzenleuchter auf die Tische. Jeder bringt etwas mit für das Buffet und dann wird gefeiert bis in die Nacht. Zündet Kerzen an und schaut in den Sternenhimmel.

Oder ihr macht ein Picknick im Hof oder auf der Wiese! Ein Picknick darf in keinem Sommer fehlen. Richtig stilecht wird es, wenn ihr alle Beteiligten bittet, sich schön anzuziehen – vielleicht mit Sommer-

kleidern und Hüten. Füllt die Picknickkörbe mit leckeren Dingen und breitet die Decken unter Bäumen aus. Aber auch in einem Hof kann ein Picknick mit allen Nachbarn ein wunderschönes Sommererlebnis werden.

Open-Air-Kino

Und wenn es noch eine milde Sommernacht gibt, dann ladet doch zum Open-Air-Kino im Garten ein. Beamer und Leinwände kann man, wenn man selbst keine hat, sicher bei Freunden ausleihen. Stellt fünf Filme zur Auswahl und lasst die Gäste abstimmen, welchen sie sehen wollen. Lustig sind auch ganz alte Filme oder ein *Dick und Doof*-Vorfilm. Stellt Decken und Kissen zur Verfügung, mit denen es sich die Kinobesucher in Liegestühlen vor der Leinwand bequem machen können. Und der Höhepunkt: selbst gemachtes Popcorn in hübschen Dreieckstütchen.

Wochenendtagebuch

Wie fühlt sich denn so ein Sommer an? Wie riecht er? Wie schmeckt er? Wie hört er sich an?

WOCHENENDE NUMMER 15

Zirkuszeit

Der Zirkus ist da – vielleicht nicht bei euch in der Stadt, aber möglicherweise hält er an diesem Wochenende Einzug in euer Haus! Oder bei schönem Wetter in euren Garten oder euren Hof! Denn dieses Wochenende dreht sich alles um den Zirkus. Damit ihr Eltern aber nicht denkt: So ein Zirkus um ein einziges Wochenende, hier noch einmal meine Erinnerung daran, dass ihr euch natürlich nur so viele Ideen rauspickt, wie ihr mögt. Unter Umständen kann es genügen, wenn ihr Euren Kindern helft, im Kinderzimmer eine kleine Manege mit Stühlen oder Kissen aufzubauen. Vielleicht habt ihr sogar einen bunten Fallschirm oder Stoffe, die ihr von der Decke als Zirkuszelt herabhängen lassen könnt.

Jetzt bleibt es euch überlassen: Bereiten die Kinder einen Zirkus vor, den ihr euch dann am Nachmittag ansehen dürft, oder hat jeder von euch Lust, etwas zum Programm beizusteuern? Nummern und Aufgaben gibt es schließlich genug: Plakate müssen gemalt werden, auf denen zu lesen ist, wann der Zirkus beginnt. Hat der Zirkus schon einen Namen? Vielleicht wollen die Kinder Nachbarn einladen oder Oma und Opa. Kann Mama Popcorn in Dreieckstüten anbieten? Kann Papa schöne Zirkusmusik aus dem Internet herunterladen? Gibt es Schminke, die man verwenden kann? Und, das Wichtigste: Welche Nummern sollen gezeigt werden?

Nimmt die ganze Familie teil, ist es lustig, die verschiedenen Nummern auf Kärtchen zu schreiben und jeder zieht eines davon.

Dann muss jeder für seine Nummer proben und ein passendes Kostüm zusammensuchen. Und wer ist der Direktor? Papas schwarze Anzugjacke wäre sicher passend, dazu ein aufgemalter Schnauzbart und ein Kissen für den dicken Zirkusdirektorbauch.

Aus folgenden Nummern könnte euer Zirkusprogramm bestehen:

Zauberer

Vielleicht bastelt ihr eine Kiste für eine »Die-zersägte-Jungfrau«-Nummer: Stellt zwei große Pappkisten aneinander. Sie sollten so groß sein, dass in eine Kiste ein Kind reinpasst, wenn es sich klein macht. Schneidet an einem Ende dieser Kiste ein Loch in die Pappe, durch das das Kind den Kopf stecken kann. An einem Ende der anderen Kiste schneidet ihr nebeneinander zwei Löcher in die Pappe und lasst daraus Gummistiefel herausschauen.

Wenn jetzt eins eurer Kinder in die erste Kiste krabbelt und seinen Kopf durch das Loch steckt, sieht es aus, als würde es ausgestreckt in einer Kiste liegen, dabei sind es ja in Wirklichkeit zwei aneinandergestellte Kisten. Klingt kompliziert, ist es aber gar nicht.

Jetzt kann der Zauberkünstler mit einer Spielzeugsäge die Kiste mitsamt »Jungfrau« darin zersägen – in Wirklichkeit sägt er natürlich da, wo die beiden Kartons aneinandertreffen.

Akrobaten

Könnt ihr Rad schlagen? Handstand machen? Überschlag? Oder einfach einen sehr eleganten Purzelbaum? Wie wäre es mit einer Menschenpyramide? Oder einem schwierigen Stand auf einem Bein?

Seiltänzer

Legt ein Seil auf den Boden und tut so, als wäre es ein Hochseil. Einer von euch ist Seiltänzer und balanciert darüber – in schwindelerregender Bodenhöhe. Der Tänzer oder die Tänzerin könnte dabei einen kleinen Schirm halten und beim Laufen gefährlich hin- und herschwanken.

Jongleur

Mit Tüchern oder Plastiktüten kann man ganz gut jonglieren – nur für den Fall, dass niemand von euch dies mit drei oder mehr Bällen schafft.

Löwendompteur

Wer ist der Löwe? Wer der Domteur? Habt ihr einen Hula-Hoop-Reifen, durch den der Löwe springen kann?

Pferdenummer

Hier könnte das kleinste Kind auf Papa, dem Pferd, reiten und über kleine Hürden springen.

Der starke Mann

Bastelt eine Langhantel aus einem Besenstiel mit einem Luftballon an jedem Ende. Auf die Luftballons schreibt ihr mit Folienstift »500 kg«. Bei der Vorführung muss der starke Mann erst einmal stolz seine Muskeln zeigen, bevor er sich – mit mächtig angestrengtem Gesichtsausdruck – daran macht, dieses schwere Gewicht vom Boden abzuheben.

Flohzirkusnummer

Ein unsichtbarer Floh hüpft von einem ausgestreckten Finger zum anderen.

Clowns

Als Clowns dürft ihr eigentlich alles machen, was euch so einfällt, und sicher hat jeder in der Familie ganz eigene Ideen für diese Nummer. Am Ende der Vorführung könnt ihr euch alle noch mal in euren Kostümen voreinander verbeugen und euch gegenseitig applaudieren.

Wenn ihr es ruhiger angehen lassen wollt ...

... könnt ihr auch gemeinsam ein riesiges Zirkusbild malen oder eine Collage aus Fotos kleben. Ein Wimmelbild. Malt oder klebt eine Manege. Überlegt, welche Nummer darin gerade zu sehen ist. Schneidet Fotos der Familie aus, am besten nur die Köpfe, und malt oder klebt neue Körper dazu. So kann dann die Oma Inge vielleicht auf dem Rücken eines Elefanten in der Manege reiten. Oder Mama fängt Papa am Trapez auf. Im Publikum können alle möglichen Prominenten sitzen, die ihr aus Zeitschriften ausschneidet. Und der Opa spielt in der Kapelle die erste Geige.

Ihr könnt auch einen kleinen Zirkus aus Pappe basteln. Vielleicht freuen sich Schlümpfe, Überraschungseierfiguren und Legomännchen auf eine Vorstellung.

Sollte es in der Nähe zufällig gerade einen echten Zirkus geben, wäre es natürlich ein schöner Abschluss eures Zirkuswochenendes, sich die Vorstellung dort anzusehen.

Wenn die Kinder dann am Sonntagabend im Bett liegen, bläst Papaclown noch das Licht aus: »Fffft ...« (heimlich Lichtschalter betätigen) – und dunkel!!!!

Wochenendtagebuch

Wenn ihr mit einem Zirkus reisen würdet, was wärt ihr gern? Clown, Seiltänzerin, Elefantendompteur oder Zirkusdirektor?

WOCHENENDE NUMMER 16

Auf nach Hollywood

Kamera läuft – und Action! An diesem Wochenende wird ein Film gedreht – übrigens auch ein tolles Geschenk, zum Beispiel zu Weihnachten, für die Großeltern. Auch hier gibt es wieder unzählige Möglichkeiten. Sucht euch einfach ein Thema aus, das euch gefällt.

Naturfilm

Raus mit euch in die Natur – ob in die Berge, auf den Bauernhof, in den Wald oder zum See. Nun werden besonders schöne Naturmomente eingefangen: eine Baumkrone, durch die die Sonne scheint, ein kleiner Fluss, der lustig vor sich hin plätschert, eine Ameisenstraße, eine Raupe auf einem Blatt. Je mehr ihr jetzt filmt, desto besser könnt ihr später schneiden.

Zu Hause sucht ihr euch eine schöne Filmmusik, die zum Thema Natur passt, aus und dann schneidet ihr Szene um Szene zusammen. Die meisten Computer haben ein kleines, einfaches Schnittprogramm. Oder ihr kennt jemanden, der Filme schneiden kann. Dann denkt ihr euch noch einen Titel für den Film aus und fertig.

Eure Stadt

Dreht einen Bericht über eure Stadt oder euer Dorf, interviewt verschiedene Menschen, die dort leben, zeigt historische Häuser oder

Sehenswürdigkeiten. Vielleicht möchte einer von euch als Reporter vor der Kamera stehen und Wissenswertes berichten – über den Bau der Stadtmauer, die Höhe des Kirchturms oder die berühmten Vorfahren des Bürgermeisters. Ein paar lustige Anekdoten machen sich in einer solchen Reportage auch immer gut.

Spielfilm

Schreibt einen kleinen Krimi. Fertigt ein Storyboard an. Das ist eine Art Comic, bei dem man die einzelnen Einstellungen der Kamera aufzeichnet. Später könnt ihr dann eine Einstellung nach der anderen drehen und habt einen sehr guten Überblick darüber, was noch fehlt. Als Drehort bietet sich zum Beispiel ein Wald an, dann wird das Ganze gleich noch ein schöner Ausflug. Ihr könnt natürlich auch einen Geisterfilm oder ein Märchen drehen – oder einen Liebesfilm.

Dokumentation über ein Wochenende in eurer Familie

»Wir berichten nun live über die Familie Mustermann (also euch, den Namen müsst ihr natürlich ändern). Hier seht ihr Papa Mustermann, wie er noch schläft, und gleich seht ihr ihn, wie er geweckt wird. Mama Mustermann ist schon im Bad und ...«

Mutter Mustermann: »Gehst du mit der Kamera weg!«

»Ja, das war Mama Mustermann, hier macht Lieschen Mustermann gerade das Frühstück, hier liegt schon ein Ei auf dem Boden ...«

Filmt den ganzen Tag. Solche Filme sind auch eine tolle Erinnerung für eure Kinder, wenn sie groß sind. Und vielleicht kann man diesen Film dann beim 18. Geburtstag zeigen oder sogar bei der Hochzeit eurer Kinder ... Ja, ich weiß, das erscheint noch weit weg. Aber die Zeit vergeht schneller, als man denkt.

Urlaubsfilmchen

Ihr könnt euch an diesem Wochenende auch endlich mal gemeinsam hinsetzen und eure Urlaubsaufnahmen zu einem Film zusammenschneiden. Meist filmt man viel zu viel und das Anschauen ist dann langweilig. Macht einfach einen kurzen knackigen Film daraus.

Viele verschiedene Möglichkeiten bieten auch Trickfilme:

Zeichentrickfilm

Ein richtiger Zeichentrickfilm ist natürlich der Klassiker. Denkt euch eine kleine lustige Szene aus, entwerft Figuren und zeichnet sie immer wieder – mit leichten Variationen, sodass ein Bewegungsablauf entsteht. Ihr könnt den Figuren auch lose Arme und Beine machen, dann müsst ihr nur diese bewegen und nicht alles immer wieder neu zeichnen. Mit dem Mund verhält es sich genauso: Zeichnet den Kopf erst einmal ohne Mund, dann könnt ihr auf einem extra Blatt verschiedene Münder malen und ausschneiden und diese jeweils in den Kopf setzen. Nun filmt oder fotografiert jede Zeichnung einzeln ab und lest die Bilder in den Computer ein. Wenn ihr sie nun mithilfe eines Schnittprogrammes hintereinander ablaufen lasst, sieht es aus, als würde die gezeichnete Figur sprechen. Oder laufen. Oder winken. Oder einen Ball fangen? Geräusche und Musik darüberlegen oder vielleicht sogar die Figuren synchronisieren (mithilfe der Tonspur des Schnittprogrammes – eventuell Freunde fragen, die sich mit Computer auskennen).

Stop-Motion

Man kann auch Gegenstände bewegen – »Stop-Motion« nennt sich das. So kann zum Beispiel ein Stift über einen Schreibtisch wandern. Der Spitzer kommt ihm entgegen und spitzt ihn an, oder ein Legoturm baut sich von selbst auf – einfach immer ein Legosteinchen dazubauen und ein neues Foto machen. Auch Legomännchen lassen sich toll animieren – dazu gibt es im Internet ein paar gute Beispiele. Überhaupt kann man sich einmal auf YouTube die selbst gemachten Trickfilme ansehen – da bekommt man Lust, eigene Ideen umzusetzen.

Knetmännchen

Besonders gut lässt sich ein Stop-Motion-Film mit Knetmännchen herstellen – denn diese kann man ganz einfach ummodeln, so wie man sie eben braucht. Bastelt eine Kulisse aus Pappe dazu, eine Lampe für das perfekte Licht darf auch nicht fehlen – und los geht es!

Daumenkino

Und wenn ihr keine Kamera und kein Schnittprogramm auf dem Computer habt, wie wäre es mit einem Daumenkino? Ein Daumenkino ist ein Abblätterbuch. Es macht sich den Stroboskopeffekt zunutze. Durch das schnelle Abblättern fast identischer Bilder, die sich nur durch minimale Bewegungen unterscheiden, bekommt man das Gefühl, eine vollständige Bewegung zu betrachten. Besorgt euch einfach kleine Notizblöcke und zeichnet Strichmännchen oder andere einfache Motive – von Blatt zu Blatt entwickelt sich die Bewegung des Motives. Wenn ihr dazu einen gespitzten Bleistift benutzt, könnt ihr die durchgedrückten Spuren eurer Zeichnung auf der nächsten Seite sehen und die Figur beziehungsweise die Bewegung dadurch einfacher weiterzeichnen.

Simple Geschichten sind beim Daumenkino die besten: Ein großer Fisch verschlingt einen kleinen, eine Achterbahn fährt einen Looping, ein Mensch schwebt an einem Luftballon hängend nach oben in den Himmel oder ein Wurm kriecht am Rand des Papiers entlang.

Vielleicht veranstaltet ihr ja am Sonntagabend dann das erste familiäre Daumenkinofestival. Oder ein Familien-Kurzfilmfestival. Habt ihr mehrere verschiedene Filmchen gemacht, könnt ihr einen Mini-Oscar für den besten Film verleihen. Einen Mini-Oscar könnt ihr selbst basteln; einfach einen geeigneten Schlumpf golden ansprühen, auf einen kleinen, ebenfalls golden eingefärbten Holzklotz (Baustein) kleben und fertig. Zieht euch schick an und wählt euren Lieblingsfilm. Und dann kann es heißen: »And the winner is …«

Wochenendtagebuch

Schreibt doch eine Liste eurer Darsteller und aller am Film Beteiligten ins Tagebuch: Maske: Mama, Kostüm: Tante Berta, Catering: Papa, Regie: der kleine Max, Schnitt: Julia und Daniel …

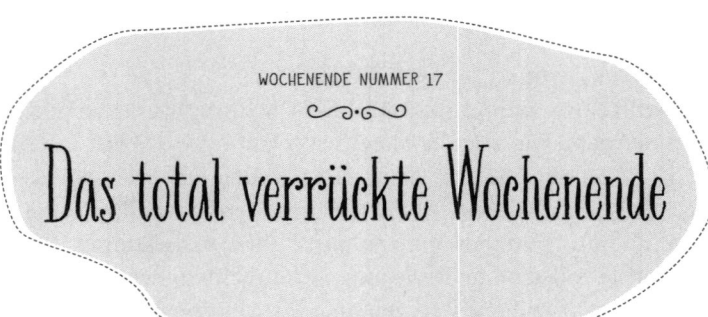

WOCHENENDE NUMMER 17

Das total verrückte Wochenende

Verrückt sein, anders sein, Dinge machen, die man noch nie zuvor gemacht hat, weg vom Gewohnten und hin zum Ungewohnten, die Welt mit anderen Augen sehen: Darum geht es an diesem Wochenende. Beginnt schon das Frühstück damit, dass andere Dinge auf dem Tisch stehen als normalerweise. Statt Wurst Käse, statt Brot Müsli, statt Frühstückseiern Pancakes, statt Kakao Tee. Jeder versucht mal etwas anderes.

Und was kann man an so einem verrückten Wochenende noch alles machen?

- eine Probefahrt in einem Ferrarri oder einem anderen Luxusauto
- im Kornfeld schlafen
- nachts nackt in einen See springen
- mit dem Auto durch die Waschanlage fahren und laut singen
- Bodypainting
- Strafzettel an fremden Autos mit einem Smiley bemalen
- Belohnungszettel unter Scheibenwischer klemmen, auf denen »Gut gemacht, du parkst richtig« oder »schönes Auto« steht
- ein selbst gemachtes »Kunstwerk« in ein Museum hineinschummeln
- auf ein extremes Konzert (Hardrock für den Opernfan, Oper für den Hardrockfan) gehen

> Neulich sagte eine Freundin zu mir: »Sabine, du bist so verrückt!« Und ich sagte: »Danke!« – Seid auch mal verrückt, durchgeknallt, absurd, abstrus, überdreht, skurril, albern und doof. Manchmal ist das herrlich!

* alle Bilder in der Wohnung ab- und neue aufhängen
* eine Kuh melken (das ist natürlich an die Städter unter euch gerichtet)
* einem Fußgängerverkehrsschild prominente Köpfe aufkleben
* ein Kinderspielzeug kaufen, das ihr, liebe Eltern, euch immer gewünscht, aber nie bekommen habt
* eine lustige Anzeige in einer Zeitung schalten
* einen Liebesroman vorlesen
* an einem Marathon teilnehmen
* (Nach-)Namensvettern anrufen (Nummern aus dem Internet oder Telefonbuch heraussuchen)
* einen Maibaum klauen
* zwei verschiedene Schuhe anziehen oder zwei verschiedene Socken
* Sorgen verbrennen
* einen Süßkramtag (Einkaufen mit einem bis oben hin vollen Süßkrameinkaufskorb) einlegen
* eine Stretchlimousine mieten
* sich in einen Zug setzen und irgendwohin fahren
* im Garten zelten
* eine Stadtrundfahrt in der eigenen Stadt machen
* ein Gipfelkreuz auf einem Hügel aufstellen
* bei Vollmond tanzen und den Vollmond anheulen oder ganz laut in die Nacht hinaus singen: Weißt du, wie viel Sternlein stehen …
* Glühwürmchen fangen
* die ganze Nacht aufbleiben

Und was noch?

Bringt euch etwas bei, was ihr noch nicht könnt, ein Instrument, Stricken, Reiten, eine neue Sportart (Golfen, Judo, Baseball), Jonglieren, Radschlagen oder Handstand.

Beginnt eine Sammlung, zum Beispiel von Postkarten, Stempeln, Briefmarken, Tassen, Salz- und Pfefferstreuern, Eulen oder Elefanten, Tüten, Bierdeckeln, Knöpfen oder Seifen.

Oder lernt ein Gedicht auswendig. Neulich standen wir bei einer Party in der Küche (wo auch sonst?) und plötzlich fing einer der Gäste an, ein Gedicht aufzusagen. Es war total nett und lustig und irgendwie auch rührend. Und auf einmal kramte jeder aus den Tiefen seines Gedächtnisses irgendein Gedicht hervor. Von Heinz Erhardt über Goethe bis hin zu Pumuckl. Es ist wunderschön, ein paar Gedichte auf Lager zu haben. Und es fördert auch noch das Gedächtnis. Sucht euch also ein Lieblingsgedicht, lernt es und tragt es am Sonntagabend vor.

Außerdem ist es Zeit für Mutproben, zum Beispiel: auf der Straße singen, etwas Gewagtes anziehen, im Schwimmbad vom 10-Meter-Brett springen.

Wochenendtagebuch

Und welche verrückten Dinge fallen euch noch ein? Was ist das Verrückteste, was ihr je erlebt habt in eurem Leben?

WOCHENENDE NUMMER 18

Ballspiele

Dieses Wochenende geht es rund – alles dreht sich um den Ball.

Fußball

Trommelt alle Freunde zusammen und veranstaltet ein Fußballspiel. Sucht euch einen Fußballplatz in der Nähe, sorgt für Getränke und vielleicht sogar für ein kleines Buffett.

Um die Mannschaften voneinander zu unterscheiden, könnt ihr allen Beteiligten sagen, sie sollen zwei verschiedenfarbige T-Shirts mitbringen, zum Beispiel rot und weiß, dann könnt ihr eine rote und eine weiße Mannschaft aufstellen. Oder ihr bringt Mülltüten mit und bastelt daraus Leibchen für eine Mannschaft. Eine Mannschaft kann sich auch Stoffstreifen ums Handgelenk binden.

Organisiert einen kleinen Pokal, das kann auch ein golden angesprühter Becher sein. Vielleicht wird er auch zum Wanderpokal und beim nächsten Turnier bekommt ihn der neue Sieger mit nach Hause.

Ihr müsst übrigens die Mannschaften nicht nach Alter sortieren. Groß und Klein gegen Mittelgroß und Riesig. Das macht Spaß.

Ihr könnt dieses Wochenende auch auf ein »richtiges« Fußballspiel gehen – in einem Stadion. Malt euch vorher doch Fahnen auf Papier oder Stoffe. Habt ihr kein Stadion in der Nähe, ist ein kleiner Fußballverein fast ebenso gut.

Oder läuft ein Spiel im Fernsehen? Dann ladet Freunde ein – ein Fußballspiel ist noch mal so schön, wenn man gemeinsam jubelt. Ihr könnt beim Fernsehen auch mal den Ton weglassen und selbst zum Kommentator werden, oder ihr hört euch das Spiel gleich im Radio an, manchmal ist Hören viel spannender als Sehen!

Tischminigolf

Ihr könnt auch kleinere Ballspiele zu Hause spielen, zum Beispiel Tischminigolf (also Miniminigolf): Aus Toilettenpapierrollen oder Chipspappdosen werden Tunnel gebaut (die Rollen beziehungsweise Dosen mit Stützen versehen, damit sie nicht wegrollen), dazu kleine Rampen, die in Schüsseln enden. Der Fantasie sind dabei keine Grenzen gesetzt. Der Ball kann ein Tischtennisball sein, der Schläger ein Kochlöffel.

Tischtennisballolympiade

★ Pustet um die Wette Tischtennisbälle im Slalom um kleine Hindernisse auf dem Tisch herum.

★ Versucht, Tischtennisbälle aus dem Stand in einen Topf zu werfen, der unter euch auf dem Boden steht (klingt leicht, ist es aber nicht, da die Bälle immer wieder herausspringen).

★ Versucht, die Bälle in einen Topf zu werfen, der weiter entfernt ist. Variation: Die Bälle dürfen erst in dem Topf landen, nachdem sie einmal den Boden und einmal die Wand berührt haben.

★ Balanciert die Tischtennisbälle auf Löffeln um die Wette den Flur hinauf und hinunter, dabei müsst ihr über Hindernisse steigen oder auf einem Bein hüpfen oder Mamas Stöckelschuhe tragen. Ihr könnt den Tischtennisball auch auf einem Tischtennisschläger balancieren.

★ Bildet zwei Mannschaften – jeder hat einen Esslöffel in der Hand. Nun muss ein Tischtennisball von einem Löffel zum anderen gegeben werden. Fortgeschrittene können den Löffel mit dem Stiel in den Mund nehmen und die Übergabe ohne Zuhilfenahme der Hände versuchen.

★ Stellt am Ende eines langen Tischs mehrere Schuhschachteln auf, in die ihr vorher kleine Tore geschnitten habt. Über jedem Tor steht eine andere Punktezahl: 10, 20, 30 und so weiter. Jetzt müssen

die Spieler versuchen, die Bälle in die Tore zu rollen oder auch zu blasen. Die Punkte über den Toren werden zusammengezählt. Wer zuerst 100 Punkte hat, hat gewonnen.
* Stellt einen geöffneten Eierkarton circa einen Meter entfernt vor euch auf. Jede Kuhle des Kartons bekommt eine bestimmte Punktzahl. Nun versuchen die Spieler nacheinander, die Bälle in den Eierkarton zu werfen. Auch hier werden die Punkte zusammengezählt. Wer zuerst 100 Punkt hat, hat gewonnen.
* Legt einen Tischtennisball in einen Becher. Jetzt katapultiert den Ball mit Schwung aus dem Becher und versucht, ihn wieder aufzufangen. Wer schafft das?

Murmelbahn

Meine geliebte Murmelbahn! Sammelt Papprollen und baut eine eigene Murmelbahn. Ihr könnt die Bahn von einem Hochbett hinunterbauen. Aber auch von einer größeren Leiter, oder durch ein Treppenhaus. Ihr könnt sie auch einfach an einer Wand befestigen. Dazu solltet ihr die Bahn allerdings vorher auf einer Holzplatte oder einer Pappwand befestigen. Auch aus Rohren oder Schläuchen aus dem Baumarkt lässt sich eine tolle Murmelbahn bauen.

Kegeln

Sammelt Kunststoffflaschen und richtet sie nett her. Vielleicht bekommen die Flaschen aufgeklebte Köpfe, die eure Familie darstellen. Oder Köpfe von aus Zeitschriften ausgeschnittenen Prominenten. Vielleicht habt ihr Handpuppen, die ihr einfach über die Flaschen ziehen könnt, oder ihr habt Lust, den Flaschen extra Überziehpuppen zu nähen oder zu basteln. Wie wäre es zum Beispiel mit den sieben Zwergen? Oder ihr blast einen kleinen Luftballon auf, befestigt ihn als Kopf auf dem Flaschenhals und überzieht Flasche samt Luftballonkopf mit Pappmaschee. Trocknen lassen und anmalen. Fertig.

Als Kugel dient ein Tennisball. Oder selbst gemachte Bälle aus alten Socken: Stülpt einfach zwei alte Socken ineinander (ihr könnt auch ein wenig Füllwatte mit hineinstopfen – gibt es im Bastelladen). Sie sollten schon jetzt einem Ball ähnlich sehen. Nun einen weiteren Socken darüberziehen und mit großen Stichen zusammennähen. Die Bälle sind auch super zum Dosenwerfen geeignet – oder für Ballspiele mit Kleineren, da sie ganz weich sind.

Wenn ihr dann das ganze Wochenende mit Ballspielen beschäftigt wart, könnt ihr am Sonntagabend noch ein Buch von den Wilden Fußballkerlen vorlesen. Und schließlich mit ganz kugel- beziehungsweise ballrunden Augen einschlafen!

Wochenendtagebuch

Macht ein Mannschaftsfoto eurer Familie beim Fußballspiel und klebt es ein.

WOCHENENDE NUMMER 19

Huckleberry Finn

In einem kleinen Städtchen am Mississippi leben Mitte des 19. Jahrhunderts die beiden Freunde Tom Sawyer und Huckleberry Finn. Tom wird von seiner Tante Polly streng erzogen, während Huckleberry Finn, auch bekannt als Huck, unter freiem Himmel lebt und in einem alten Fass schläft. Sein Vater ist Landstreicher und Huck hat noch nie eine Schule von innen gesehen.

Zusammen erleben die beiden viele Abenteuer. Sie fahren mit einem Floß über den Mississippi, angeln am Fluss, schlafen auf einer Insel, finden Höhlen und drücken sich geschickt vor jeder Arbeit. Was für ein Leben!

Geschrieben wurde diese Geschichte von Mark Twain.

Das wünscht sich doch jeder, einmal so zu leben wie Huckleberry Finn

Ohne Schule, ohne Verpflichtungen und Stress, einfach so in den Tag hinein. Mit einem Grashalm im Mund die Beine baumeln lassen. An diesem Wochenende geht es also darum, mal fünfe grade sein zu lassen und die Natur zu genießen.

Gibt es einen Fluss in eurer Nähe? Na dann nichts wie hin! Und vergesst die Badesachen nicht.

Habt ihr ein Schlauchboot? Oder kennt ihr jemanden, der euch eins ausleihen kann? Dann macht doch eine Fahrt den Fluss entlang.

Am besten besorgt ihr euch vorab eine Karte vom Fluss, besprecht die Tour und prüft, ob es gefährliche oder schnelle Stellen gibt. Ich rate euch unbedingt dazu, Schwimmwesten für die Kinder auszuleihen. Ein bisschen was zu essen und viel zu trinken gehört auch dazu, ebenso wie Sonnencreme und Kopfbedeckungen.

Jetzt könnt ihr euch fühlen wie Huck Finn und Tom Sawyer auf dem Mississippi. Legt ihr für ein Picknick irgendwo an? Winkt den Leuten am Ufer zu. Lasst eure Füße in den Fluss hängen und euch treiben, wenn wenig Strömung ist. Eine Flussfahrt ist etwas ganz Besonderes. Und es sollte kein Sommer ohne so ein Abenteuer vergehen. Am Abend gibt es dann zum Abschluss ein Lagerfeuer am Flussufer. Erkundigt euch vorher, an welchen Stellen des Flusses das erlaubt ist. Sammelt große Steine und legt sie zu einem Kreis. Jetzt könnt ihr altes trockenes Holz sammeln und innerhalb des Kreises aufschichten. Das Feuer wird am besten mit etwas Papier unter dem Holz angezündet (wenn ihr kein Feuerzeug habt, könnt ihr es ja mal mit zwei Stöcken, die ihr aneinanderreibt, versuchen oder mit zwei Steinen oder einem Brillenglas – da sitzt ihr allerdings vielleicht noch am nächsten Morgen ohne Feuer da, aber versuchen kann man es ja).

Was ihr am Fluss noch machen könnt

Zum Beispiel einen Steineflitschwettbewerb veranstalten: Wer kann am besten flache Steine über den Fluss flitschen lassen? Auf die richtige Technik kommt es an und die kann man üben.

Oder eine Flaschenpost schreiben und sie in den Fluss werfen. Damit ihr damit die Umwelt nicht zu sehr belastet, solltet ihr euch hierbei allerdings dazu verpflichten, für jede Flaschenpost, die ihr ins Wasser werft, zehn alte Flaschen aus dem Fluss zu fischen. Und vielleicht habt ihr ja Glück und darunter ist ebenfalls eine Flaschenpost.
Oder:
* ein Haus aus Treibgut bauen
* einen Damm bauen
* ein Wasserrad aus Holz bauen
* einen Hafen bauen und Rindenschiffe darin fahren lassen
* einen Steinturm bauen – einfach flache Steine der Größe nach aufschichten
* Steine sammeln, die aussehen wie Herzen
* Steine sammeln, die einen weißen Strich haben, und diese zu Bildern zusammenlegen (Steinkunst)
* aus Steinen Figuren legen

Auch in der Nähe eines Flusses zu zelten ist ein tolles Abenteuer. Erkundigt euch, wo das erlaubt ist. Natürlich darf beim Zelten ein

Stockbrot

Für 6 Personen braucht ihr:
- 400 g Mehl
- 1 Päckchen Trockenhefe
- 300 ml warme Milch
- 1 EL Zucker
- ½ TL Salz
- 2 EL Öl

Und so geht es:
1. Zutaten zu einem glatten Teig verkneten. Den Teig 30 Minuten an einem warmen Ort gehen lassen, dann in circa 12 Portionen teilen.
2. An der Feuerstelle die einzelnen Portionen zu einem langen Teigstrang ziehen und diesen um einen Stock wickeln. Den Stock vorher mit einem Schnitzmesser von der Rinde befreien.
3. Den Teig für etwa 10 Minuten über der Glut rösten – am besten in einem Abstand von circa 20 Zentimetern, sonst verbrennt er.

Lagerfeuer nicht fehlen. Und wie wäre es zu dieser Gelegenheit mit Stockbrot für alle?

Sollte es regnen, könnt ihr auch ein Zelt im Zimmer aufstellen. Mit Isomatten, Schlafsack und Taschenlampe fühlt man sich auch da wie inmitten eines Abenteuers.

Am Sonntagabend könnt ihr dann die Abenteuer von Huck Finn und Tom Sawyer vorlesen oder eine schöne Verfilmung der Geschichte ansehen. Letzteres bitte nur, wenn die Kinder schon groß genug sind, ich habe schon ein paar ziemlich gruselige Versionen gesehen. Es gibt aber auch ein paar sehr süße Neuverfilmungen. Vielleicht reicht es aber auch, wenn ihr die Geschichte der zwei Jungs einfach erzählt.

Wochenendtagebuch

Könnt ihr euch ein Leben in freier Natur vorstellen? Und könnt ihr euch ein Leben im 19. Jahrhundert vorstellen? Schreibt eure Erlebnisse bei der Flussfahrt oder beim Zelten auf!

WOCHENENDE NUMMER 20

In der Stadt

Wohnt ihr in einer größeren Stadt? Oder habt ihr eine Stadt in der Nähe? Dann werden wir uns diese dieses Wochenende mal vornehmen. Ihr seid Touristen und habt eure Stadt noch nie gesehen. Wie sehen Touristen denn aus? Stadtführer, Stadtplan, bequeme Schuhe, Rucksack und vor allem: Fotoapparat.

Wenn es in eurer Stadt Stadtrundfahrten mit dem Bus gibt, nichts wie rein mit euch – eine Stadtrundfahrt in der eigenen Stadt ist lustig und informativ. Oder ihr markiert auf dem Stadtplan eine Route, die ihr gehen möchtet. Lasst die Kinder die Straßen finden, wie bei einer Schatzsuche. Greift nur dann ein, wenn ihr euch zu weit vom Ziel entfernt – ach so, das Ziel: Das könnte zum Beispiel ein besonders schönes traditionelles Restaurant sein, in dem ihr dann essen geht. Oder der Mittelpunkt der Stadt. Oder eine berühmte Skulptur. Oder eine noch berühmtere Eisdiele.

Versucht nun, Wissenswertes über die wichtigen Gebäude herauszufinden. Das könnt ihr entweder mithilfe eines Reiseführers oder indem ihr euch heimlich einer Führung durch die Stadt anschließt. Versucht, eure Stadt mit fremden Augen zu sehen.

Hier ein paar Dinge, die ihr als Touristen in der eigenen Stadt unbedingt machen solltet:
* ein Eis im berühmtesten Café der Stadt essen
* ein Souvenir kaufen
* eine Postkarte schreiben

- euch mit echten Touristen fotografieren lassen
- eine Stadtrundfahrt unternehmen
- in einem Stadtpark ein Picknick machen
- etwas Typisches essen
- euch mit einer berühmten Skulptur fotografieren lassen
- in ein Museum gehen
- den Bahnhof ansehen
- das Rathaus suchen
- Fakten herausfinden: Wo ist der höchste Turm und wie hoch ist er? Wo ist das höchste Haus und wie hoch ist es? Wo ist das älteste Haus? Wie sieht das Stadtwappen aus? Gibt es irgendwelche Sagen oder Legenden zur Stadt?

Als ich mit meinen Kindern eine Stadtrundfahrt durch unsere eigene Stadt gemacht habe, waren wir sehr erstaunt, was wir alles nicht wussten. Und wir gingen sehr viel schlauer nach Hause. Und um einiges stolzer, in dieser wunderschönen und interessanten Stadt zu leben.

Macht Fotos von eurer Stadt. Statt einer Kamera könnt ihr auch einen Block und Stifte mitnehmen und versuchen, die Häuser, Kirchen und Statuen eurer Stadt abzumalen. Vielleicht nehmt ihr auch nur ein Tonaufnahmegerät mit und versucht mal aufzunehmen, wie sich die Stadt anhört.

> Städtereisen mit Kindern können großen Spaß machen. Vorausgesetzt, man gestaltet sie kindgerecht und bereitet die Reise entsprechend vor. Unsere Reise nach Venedig wurde angeregt durch Cornelia Funkes Buch *Der Herr der Diebe*. Wir versuchten, die Orte zu finden, an denen die Geschichte spielt, und jeder von uns fühlte sich ein klein wenig wie die Figuren aus dem Roman. Wenn ihr eine Städtereise plant, macht euren Kindern also schon im Vorfeld Lust darauf. Zeigt ihnen Bilder, erzählt ihnen Geschichten, Hintergründe, Besonderes, und breitet schon mal einen Stadtplan auf dem Tisch aus. Auf den könnt ihr Bilder kleben, von Plätzen, die ihr suchen beziehungsweise besuchen wollt. Und vielleicht haben die Kinder dann Lust, mit Hilfe des Stadtplans euch Große durch die Stadt zu führen. Wie kleine Stadtführer eben.

Und nun kommt meine Lieblingsidee: Wenn ihr in einer größeren Stadt seid, in der viel fotografiert wird, versucht doch mal, auf zehn Fotos zu kommen, die andere knipsen. Dafür könnt ihr euch heimlich zu einem Gruppenbild dazustellen, in ein Foto hineinspringen, den Fotografierten Ohren machen oder aus dem Hintergrund in die Kamera lächeln oder winken.

Bevor ihr euren Stadtbummel beginnt, steckt 20 Euro in Eineuromünzen in die Tasche und lasst sie klimpern. Nehmt euch vor, bei jedem Straßenkünstler stehen zu bleiben und ihm Applaus und einen Euro zu spenden.

Besucht mindestens eine Kirche, setzt euch hinein, singt ein schönes Lied und zündet für eure Familie eine Kerze an. Egal wie gläubig oder nichtgläubig man ist, es ist schön!

Vielleicht habt ihr sogar Lust, eine Nacht in einem Hotel in eurer eigenen Stadt zu übernachten. Das wäre eine lustige Überraschung für die Kinder – und zum Glück habt ihr auch für jeden eine Zahnbürste und eine frische Unterhose dabei.

Wochenendtagebuch

Klebt eine Postkarte von eurer Stadt ins Tagebuch, die ihr beschrieben habt:»Liebe Familie, schöne Grüße aus München. Die Stadt ist wunderbar und wir haben in einem typischen Restaurant gegessen. Wir können auch schon gut Bayrisch und haben viele Fotos gemacht.« (Wenn eure Stadt nicht München ist, dann müsst ihr natürlich was anderes schreiben – versteht sich von selbst, ich wollte es nur noch mal sagen.)

WOCHENENDE NUMMER 21

Macht euch die Welt, wie sie euch gefällt!

Das Astrid-Lindgren-Wochenende: Wer kennt sie nicht, die vielen, vielen Kinderbücher, die in keinem Bücherregal fehlen dürfen? *Pippi Langstrumpf, Die Kinder von Bullerbü, Ronja Räubertochter, Michel aus Lönneberga, Kalle Blomquist, Madita, Ferien auf Saltkrokan* und viele mehr. Astrid Lindgren gehört zu den bekanntesten Schriftstellerinnen der Welt – und zu den wichtigsten Heldinnen in meinem Leben. Noch ganz weit vor Superman. Widmen wir ihr doch ein ganzes Wochenende. Zur Vorbereitung holen wir erst einmal alle Lindgren-Bücher raus oder leihen sie in der Bücherei aus. Dann kann schon mal geschmökert werden. In einigen ihrer Bücher kann man auch etwas über Astrid Lindgrens Leben nachlesen, auch im Internet findet man ihre Biografie.

Hier das Wichtigste in Kürze: Astrid Lindgren wurde am 14. November 1907 auf Näs bei Vimmerby unter dem Namen Astrid Anna Emilia Ericsson geboren. Gestorben ist sie in Stockholm am 28. Januar 2002. Viele der Schauplätze und Figuren in ihren Büchern sind realen Orten und Personen nachempfunden. Eine Reise nach Vimmerby lohnt sich also auf jeden Fall, wenn man sich auf die Spuren dieser berühmten Schwedin begeben möchte.

Aber Lindgrenland ist überall da, wo ihre Bücher zu Hause sind. Also auch bei euch. Willkommen in der Villa Kunterbunt.

Und was kann man jetzt alles an so einem Lindgren-Wochenende machen? Ihre Bücher lesen, ihre Filme ansehen – klar, aber was noch? Zieht euch doch mal an wie Pippi und Co! Lange geringelte Strümpfe, oder einfach ganz bunt (ich wäre den Männern der Familie nicht böse, wenn sie sich dabei ausklinken). Sommersprossen nicht vergessen! Außerdem könnt ihr:

★ den Langhaarigen in der Familie Pippizöpfe flechten
★ Sachensucher spielen: dazu spaziert man in der Gegend herum, im Wald oder an einem Fluss oder sonst wo, und sucht nach interessanten Dingen, die nimmt man mit und denkt sich Geschichten dazu aus oder bastelt etwas daraus
★ »Nicht den Boden berühren« spielen: vom Sofa auf den Sessel und vielleicht sogar aufs Klavier klettern; falls das nicht geht, mit Sofakissen überbrücken – der Boden darf auf keinen Fall berührt werden!
★ aus dem Bett im Kinderzimmer ein Schiff bauen, die Hoppetosse, und nach Taka-Tuka-Land segeln
★ Armdrücken – wer ist die stärkste Pippi?
★ Spaghetti essen à la Pippi: die Nudeln nicht auf dem Teller kleinschneiden oder aufwickeln, sondern einfach in den Mund stopfen und was raushängt mit der Schere abschneiden
★ euch Schrubberbürsten unter die Füße binden und den Boden schrubben
★ ein Puppenhaus aus Pappe bauen, das wie die Villa Kunterbunt aussieht
★ ein Holzhaus im Garten bauen und ebenso bunt anmalen wie die Villa Kunterbunt (vielleicht auch an eine Seite des Hauses den kleinen Onkel und Herrn Nilson malen)

> Ein passendes Lied hat Pippi auch für uns:
>
> Faulsein ist wunderschön,
> denn die Arbeit hat noch Zeit.
> Wenn die Sonne scheint
> und die Blumen blühn,
> ist die Welt so schön und weit ...

* eine Pippi-Langstrumpf-Puppe nähen, vielleicht sogar Pferd und Affen dazu
* im Wald oder Garten einen Baum mit Loch suchen und ihn zu einem Limonadenbaum erklären
* euch wie ein Fass einen Hügel hinunterrollen lassen
* Holzmännchen schnitzen
* eine Büchse (also ein Gewehr) aus Holz schnitzen
* auf Stelzen laufen lernen
* Blaubeersuppe kochen
* *nicht* mit dem Kopf in der Suppenschüssel stecken bleiben
* ein Heft anlegen, in das die Eltern die Streiche der Kinder schreiben
* jemandem einen Streich spielen
* anfangen, ein Buch zu schreiben und beschließen, Schriftstellerin zu werden
* die Titellieder aller Lindgren-Filme singen

Lindgren-Scharade
Stellt reihum pantomimisch einen Charakter aus den Lindgrenbüchern dar. Die anderen müssen erraten, ob es sich um Kalle, Pippi, Karlsson, Ida oder Astrid Lindgren selbst handelt.

Mittsommerfest
Zur Sommersonnenwende könnt ihr ein Mittsommerfest feiern. Am besten an einem Samstag zwischen dem 20. und 26. Juni. Ladet Freunde ein, esst und tanzt! Und vielleicht gibt es, wenn es dunkel wird, sogar ein Sonnenwend- oder Johannisfeuer. In Schweden ist

Midsommar nach Weihnachten das zweitwichtigste Fest des Jahres. Bindet aus Blumen Kränze und setzt sie den Mädchen auf.

Blumen unters Kissen

Eine Legende besagt, wenn ein unverheiratetes Mädchen in der Mittsommernacht schweigend sieben verschiedene Blumen von sieben verschiedenen Wiesen pflückt und diese unter sein Kopfkissen legt, träumt es in dieser Nacht von dem Mann, den es einmal heiraten wird.

Muschelkästchen

Bastelt doch ein kleines Muschelkästchen, wie Ida es von ihrem Bruder Michel bekommt. Einfach ein altes Holzkistchen mit Muscheln bekleben und dann mit Fugenmasse verfugen. Fertig ist ein Kistchen für kleine Schätze und Geheimnisse.

Köttbullar

Zu essen gibt es natürlich Köttbullar (Schwedische Aussprache: Chöttbullar). Lecker schmecken die Köttbullar mit Kartoffelbrei und Preiselbeeren oder mit Soße und Kroketten.

Für 4 Personen braucht ihr:
* 400 g gemischtes Hackfleisch
* 4 EL Semmelbrösel
* 1 EL Kartoffelmehl
* ½ TL Salz
* 1 Ei
* 125 ml Milch
* 1 feingehackte Zwiebel

Und so geht es: Alle Zutaten vermengen. Mit angefeuchteten Händen kleine Kugeln von 3–4 cm Durchmesser formen und in etwas Öl oder Margarine braten.

Für die Soße braucht ihr:
* 100 ml Wasser
* 200 ml Sahne
* 200 ml Weißwein
* 1 TL Honig
* 2 EL Soßenbinder (dunkel)

* 2 TL Rinderbrühe
* Salz, Pfeffer und Muskat

Und so geht es: Sahne und Wasser mit Rinderbrühe aufkochen. Weißwein und Honig hinzugeben und nochmals kurz aufkochen. Mit Soßenbinder andicken und mit Salz, Pfeffer und Muskat würzen.

Und am Sonntagabend legt ihr euch mal mit den Füßen aufs Kopfkissen. Gute Nacht, all ihr Pippis und Michels!

Wochenendtagebuch

Wer ist eure Lieblingsfigur von Astrid Lindgren? Was war der lustigste Streich, den ihr jemandem gespielt habt?

WOCHENENDE NUMMER 22

Wir retten die Welt

Na ja, vielleicht nicht die ganze, aber ein ganz kleines bisschen Welt kann jeder retten. Und das mit ganz einfachen Mitteln. Werdet zum Umweltexperten, sprecht an diesem Wochenende auch andere Leute in eurem Umkreis an. Guckt mal in deren Mülltonnen. Trennen Oma und Opa ihren Müll? Lässt Opa das Wasser immer noch so lange laufen, bevor er sich ein Glas füllt? Und lässt der Nachbar sein Auto im Winter immer noch warm laufen?

Meine kleine Tochter hat sich schon im Alter von fünf Jahren über Leute aufgeregt, die einfach Papier oder Kippen aus dem Autofenster geworfen haben. Sie hat dann immer: »Weltverschmutzer!« gebrüllt und war stinksauer.

Also hupt laut, wenn aus dem Auto vor euch Dinge herausgeworfen werden. Oder kurbelt, wenn ihr an Ampeln neben den betreffenden Autos steht, das Fenster runter und sagt ganz freundlich: »Sie haben da was verloren!«

Einen Baum pflanzen

Kauft im Gartencenter oder in der Baumschule einen kleinen Baum und pflanzt ihn irgendwohin, wo er es gut hat und es nicht total verboten ist. Und wählt einen Platz, an dem ihr ihn jedes Jahr einmal besuchen könnt. Stellt eure Kinder jedes Mal für ein Wachstumsfoto daneben, dann könnt ihr sehen, wer schneller wächst.

Pflanzt Blumen. Jede Pflanze tut der Welt gut. Und somit auch euch selbst.
Pflanzt Kletterpflanzen an grauen Hauswänden. Sieht schön aus und tut der Umwelt gut.

Weltretterclub

Stellt in eurer Wohngegend einen Infotisch auf und sprecht die vorbeigehenden Leute an. Klärt sie über die kleinen Umweltsünden auf und bittet sie, bei eurer »Weltretteraktion« mitzumachen. Malt Transparente oder Prospekte mit den wichtigsten Informationen.
Gründet mit Kindern einen »Weltretterclub«.

Und was noch?

Fahrt dieses Wochenende nur mit dem Fahrrad oder den öffentlichen Verkehrsmitteln.
Oder bildet Fahrgemeinschaften. In Amerika gibt es eine schnellere Fahrspur auf den Autobahnen, die darf man nur fahren, wenn man zu mehreren im Auto sitzt. Alle, die allein fahren, müssen sich in die langsame, viel zu volle Spur rechts einordnen. Ist das nicht eine tolle Idee?
Geht mit einem Förster durch den Wald und lasst euch alles erklären. Oder macht einen Waldspaziergang und sammelt den Müll auf.
Legt einen Kompost im Garten an oder baut ein Insektenhotel.
Trennt den Müll! Was gehört in welche Tonne? Das ist doch im Grunde ein wunderbares Sortierspiel für Kinder.
Oder recycelt, indem ihr selbst was daraus macht. Zum Beispiel kann man tolle Dinge aus leeren Konservendosen machen: Stiftehalter basteln, Dosenwerfen spielen, Müllmarionetten der Blechbüchsenarmee, Blumenübertöpfe, Vasen, Teelichter und vieles mehr.
Und noch etwas: Müll trennen ist gut, Müll vermeiden ist besser. Überlegt gemeinsam, wo ihr Müll vermeiden könnt. Wählt im Supermarkt Produkte mit möglichst wenig Verpackung aus.
Vielleicht könnt ihr zum Metzger auch Kunststoffbehälter mitnehmen und euch die Wurst direkt dort hineinlegen lassen. So reduziert ihr Verpackungsmüll.

Schreibt eure Kugelschreiber bis zum Ende aus, sonst wird unsere Erde irgendwann mit Kugelschreiberpatronen bedeckt sein, die nicht recycelbar sind. Könnt ihr euch das vorstellen? Eine Welt voller Kugelschreiber?

Bleibt eurem Handy treu. Muss es immer gleich das neueste vom Neuen sein? Auch wenn man ein noch gut funktionierendes Handy hat? Benutzt eure Handys, solange es geht. Wusstet ihr, dass circa 70 Millionen Handys in den Schubladen der Deutschen herumliegen?

Näht euch schöne Einkaufstaschen und bedruckt sie mit lustigen Motiven. Von nun an werden keine Plastiktüten mehr zum Einkaufen verwendet. Vielleicht könnt ihr diese Taschen auch an eurem Infostand verkaufen.

Spart Wasser und Strom! Gießt eure Blumen mit Regenwasser, dreht den Hahn ab, während ihr Zähne putzt. Stellt die Spül- und Waschmaschine nur an, wenn sie ganz voll ist.

Welches Haushaltsgerät ist der größte Stromfresser? Wisst ihr es? Es sind der Kühlschrank und der Trockner. Also dreht den Temperaturregler im Kühlschrank ein, zwei Stufen runter (laut Umweltbundesamt genügt eine Lagertemperatur von etwa 7° Celsius) und hängt die Wäsche hin und wieder zum Lufttrocknen auf die Leine.

Schaltet alle Stand-by-Geräte ab, wenn ihr sie nicht gleich wieder braucht.

Spart Papier! Kauft Umweltpapier für die Schule, geht nicht zu verschwenderisch mit dem Toilettenpapier um, reißt leere Blätter aus alten Schulheften raus und benutzt sie als Schmierpapier und für Einkaufslisten, benutzt Papier, wenn es geht, zweimal (wozu gibt es sonst eine Rückseite), druckt nicht jede Mail aus. Kauft doch einmal schöne Stoffservietten, Papierservietten sind teuer und meist wirft

> Meiner Meinung nach sollte es in Schulen einen Umweltunterricht geben, denn bedauerlicherweise wissen wir alle noch viel zu wenig darüber Bescheid, mit welchen kleinen Mitteln wir etwas für unsere Umwelt tun können. Und was gibt es schon Wichtigeres, als diese schöne Welt zu pflegen?

man sie schon weg, wenn man nur ein einziges Mal seinen Mund damit abgeputzt hat. Oder bastelt Serviettenringe mit Namen drauf, damit jeder weiß, welche Serviette wem gehört. So kann man die Servietten mehrmals benutzen.

Putzt mit Essig und Zitronensäure statt mit scharfen Putzmitteln. Stellt euch vor, wie viel Seifenschaum, Haarshampoo, Zahncreme, Wasch-, Putz- und Spülmittel eure Familie verbraucht. Wo fließt das alles hin? Ist das gesund für die Umwelt? Klar sollt ihr euch waschen, aber vielleicht werdet ihr – und eure Wäsche – auch sauber mit etwas weniger Seife.

Besucht mal eine Kläranlage, danach werdet ihr sicher nicht mehr Dinge wie Spaghetti, Binden oder Zigaretten ins Klo werfen. Wer mal einen Gang durch die Kanalisation gemacht hat und weiß, wo all die Dinge ankommen, die in der Toilette verschwinden, denkt viel mehr darüber nach, was er hineinwirft.

Esst weniger Fleisch! Es gibt leider viel zu viele Fleischesser, dadurch viel zu viele Kühe, die viel zu viel Futter brauchen, wofür viel zu viel angebaut werden muss und dann machen diese Kühe (die ja nichts dafür können) viel zu viele Pupse. Und dadurch tragen sie wesentlich (natürlich nicht mit Absicht, sie sind unschuldig) zum Treibhauseffekt bei. Das Methan, das da aus den Kühen rauskommt, ist sogar 21-mal schädlicher als CO_2! 15 Prozent aller Treibhausgase entstehen durch das Pupsen und Rülpsen von Kühen!

Kauft in einem Bioladen ein und kauft nur Obst der Saison. Was wächst denn überhaupt wann, man kann doch auch im Winter Erdbeeren kaufen? Wenn es immer zu jeder Jahreszeit alles gibt, kann man sich gar nicht mehr auf die einzelnen Jahreszeiten und das damit verbundene Obst und Gemüse freuen. Und so eine Erdbeere, eine richtige Erdbeere, schmeckt doch total nach Sommer, und da gehört sie auch hin.

Wochenendtagebuch

Denkt euch tolle Erfindungen aus, mithilfe derer man die Welt retten könnte:
- *Vielleicht könnte man die Kühe ja auf Fenchelwiesen grasen lassen, damit sie nicht so dolle Blähungen haben. Oder die Bäuche der Kühe massieren.*
- *Vielleicht sollte jeder Mensch eine Art Fleischpass bekommen und nur zwei Mal pro Woche Fleisch essen dürfen?*
- *Oder jeder bekommt einen Flugpass und darf innerhalb einer bestimmten Zeit nur eine bestimmte Anzahl von Flügen fliegen. Oder besser: eine bestimmte Anzahl von Kilometern.*
- *Oder wie wäre es mit einem Staubsauger, der schlechte Luft in gute Luft umwandelt?*

PS: Wenn es euch so vorkommt, als wäre ich ein Weltverbesserer, dann liegt das vielleicht daran, dass ich ein Weltverbesserer bin. Mein Lieblingsspruch lautet: »Jeder Mensch sollte mit seinem Leben die Welt ein kleines bisschen besser machen.« (Aus: *Der kleine Lord* von Frances Hodgson Burnett) – Und das versuche ich – echt! Das ist mein Motto!

WOCHENENDE NUMMER 23

Mit ohne Geld

Kann man ein ganzes Wochenende verbringen, ohne Geld auszugeben? Man kann. Jetzt könnte man natürlich einfach so zu Hause auf dem Sofa sitzen bleiben und warten, bis das Wochenende um ist, und dann die Arme jubelnd in die Höhe strecken und rufen: »Geschafft!« Aber das ist ja nicht der Sinn dieses Wochenendes. Denn es soll schon eine ganze Menge erlebt werden.

Spielregeln

* Es darf kein Cent ausgegeben werden, es sei denn, man hat ihn durch eigene Ideen und Arbeit an diesem Wochenende verdient. Am Freitag den Kühlschrank füllen und schon Kinokarten kaufen ist feige und nicht fair.
* Gutscheine, die ihr während des Jahres geschenkt bekommen habt, dürfen eingelöst werden. Ihr könnt also auch ein Gutscheinwochenende machen. Wir hatten einmal die unterschiedlichsten Gutscheine und es war wirklich lustig, sich von Gutschein zu Gutschein durch den Tag zu hangeln. Da ging es mit einem Frühstücksgutschein im Café um die Ecke los. Dann mit einem Einkauf in einer Drogerie, als Nächstes durfte ich meinen Reitstundengutschein einlösen, obwohl ich Angst vor Pferden habe, dann warteten wir vor der Tür eines Solariums, bis mein Mann seinen Sonnengutschein verbraucht hatte und braun gebrannt

wieder herauskam, und schließlich teilten wir uns alle noch einen einzigen Burger, für den wir ebenfalls noch einen Gutschein hatten. Ein lustiger, abwechslungsreicher Tag.

* Wenn man dieses Wochenende irgendwohin möchte, muss man die Strecke zu Fuß oder mit dem Fahrrad zurücklegen, denn auch Autofahren kostet ja Geld. Und wenn das Benzin zu Ende geht – wie sollte man dann tanken?

Und los geht's!

In vielen Städten gibt es spannende Dinge, die kostenlos angeboten werden. Zum Beispiel kann man in Berlin den Reichstag umsonst besichtigen. Auch manche Museen haben am Sonntag freien Eintritt.

Seht in die Zeitung (vielleicht liegt eine vor der Tür des Nachbarn, die ihr nur kurz benutzt und dann wieder sauber zusammenfaltet und zurücklegt) – welche Veranstaltungen sind umsonst an diesem Wochenende? Gibt es ein eintrittsfreies Theaterstück oder Konzert oder eine Vernissage? Auch ein gemeinsamer Gang in eine Bibliothek ist nett und kostenlos.

Oder wie wäre es, einen Ausflug in eine Musterhaussiedlung zu unternehmen?

Oder einen Spaziergang durch die Tierabteilung eines Kaufhauses beziehungsweise einen Ausflug mit dem Rad in ein nahegelegenes Tierheim!

Oder eine Tour von einem Spielplatz zum nächsten!

Oder ihr schließt euch heimlich einer Stadtführung an.

Auch ein Spaziergang über einen Friedhof kann schön sein. Lest die Inschriften der Grabsteine und überlegt euch, was das wohl für Menschen waren, was sie wohl für Berufe hatten. Findet ihr den ältesten Grabstein? Und welches ist der schönste? Vielleicht erscheint es euch seltsam, ein Spiel auf dem Friedhof zu veranstalten, ich finde es aber wichtig, den Tod nicht zu tabuisieren.

Vielleicht könnt ihr auch unbemerkt an einem Yogakurs im Park teilnehmen.

Auch der Gang durch ein Möbelhaus kann großen Spaß machen. Stellt euch vor, ihr hättet ein neues Ferienhaus und überlegt, wie ihr es einrichten würdet. Nehmt euch Prospekte mit und schneidet zu

Hause Möbel aus. Malt ein Haus auf einen großen Bogen Papier und richtet es mit den Möbeln aus dem Prospekt ein.

Wenn ihr Hunger bekommt ...

... könnt ihr euer Gück in der Feinkostabteilung eines Kaufhauses oder Supermarktes versuchen, da gibt es an den verschiedenen Theken meistens kleine Probierhäppchen. Beim Bäcker liegen oft Brotwürfel zum Probieren auf kleinen Tellerchen. Ihr könnt euch aber auch ganz spontan bei einer befreundeten Familie einladen, die freuen sich sicher sehr.

Vielleicht schenkt euch der Metzger auch ein »Radl Gelbwurst« (also bei uns in Bayern bekommen Kinder immer eine Scheibe Wurst, ich weiß ja nicht, wie das in anderen Regionen ist). Ich wohne in einer Straße, da kann man als Kind von einem Geschäft zum nächsten gehen und wenn man am Ende der Straße angekommen ist, ist man satt. Da bekommt man einen Apfel beim Gemüsehändler (also einen älteren, der vielleicht schon eine oder zwei Druckstellen hat). Dann gibt es beim Bäcker eine halbe, schon etwas harte Breze, und schließlich eben das Radl Gelbwurst. Dann ist man satt. Das ist schon toll!

Ihr könnt aber auch Reste essen. Vielleicht habt ihr Glück und vom Vortag sind noch ein paar Essensreste im Kühlschrank. Auf einer Hütte nennt man so was Hüttenpfanne. Da haut man alles in die Pfanne, was noch so da ist: Fleisch, Nudeln, Tomaten, Eier.

Man spart auch Zeit und Kosten, wenn man an einem Tag mehr Kartoffeln kocht, als man braucht, und daraus am nächsten Tag noch eine andere Speise macht: Kartoffelfinger oder Kartoffelsalat zum Beispiel. Ich glaube, Kartoffeln sind das vielseitigste Essen, das es gibt. Wir haben einmal alle Kartoffelgerichte gemacht, die uns so eingefallen sind. Da hat sich der Tisch fast durchgebogen und am Ende konnte niemand mehr sagen: »Ich mag keine Kartoffeln«, denn für jeden war etwas dabei und die Kinder haben gestaunt, was man aus einem einzigen Gemüse machen kann. Wenn die Kartoffelfelder abgeerntet sind, laufen viele Leute noch einmal darüber und sammeln die Restkartoffeln auf.

Übrigens kann man auch mal durch eine Schrebergartenanlage gehen und nachsehen, ob da nicht ein paar Beeren oder Äpfel über die Zäune hängen. Ich habe nur gesagt nachsehen! Ich will mich hier ja nicht strafbar machen. Oft werden den Schrebergärtnern die Äpfel zu viel und sie stellen ein paar davon zum Mitnehmen vor die Zäune. Vielleicht könnt ihr auch etwas eintauschen? Ich bin sowieso dafür, viel mehr zu tauschen (siehe Tauschwochenende). Eine neue Frisur gegen eine Gitarrenstunde. Vorausgesetzt natürlich, der eine kann

schneiden und der andere Gitarre spielen. Aber jeder kann doch irgendwas, was der andere nicht kann.

Geld verdienen

Es sollte ja eigentlich gar kein Geld ausgegeben werden. Man muss aber ja doch auch etwas essen zwischendurch. Und vielleicht kann sich nicht jeder überraschungsmäßig bei Tante Ludowika einladen. Oder vielleicht hat Tante Ludowika auch gerade nicht für so viele Leute gekocht. Aber zum Glück gibt es ja auch hierfür eine Regel: Es darf nur Geld ausgegeben werden, das man an genau diesem Wochenende verdient hat.

Zum Beispiel als Straßenmusikant: Mit Musikinstrument auf die Straße stellen, Hut davor für das viele Geld, das die Passanten euch geben werden, und los geht es. Vielleicht beherrscht ihr kein Instrument und möchtet lieber singen oder tanzen oder jonglieren oder vielleicht Kartentricks vorführen ...

Könnt ihr das alles nicht, wie wäre es dann mit einem Limo-stand? Zitronenlimo herstellen, zwei Kistchen mit einem Brett darüber oder einen kleinen Klapptisch auf der Straße aufbauen (am besten da, wo viele Jogger vorbeikommen oder an einem sehr heißen Tag), und dann geht das Verkaufen los.

Oder ihr malt ein großes Bild mit Straßenkreide auf den Boden und hofft auf eine Spende in euren Hut!

Ihr könnt auch auf einen Flohmarkt gehen und ein paar alte Dinge verkaufen. Das Geld dürft ihr dann ausgeben!

Vielleicht wollt ihr sogar eine Wochenend-Familienfirma gründen, zum Beispiel eine Mützenmanufaktur – Mützen stricken oder nähen oder Hüte basteln und diese an einem Stand verkaufen – oder einen Lieferservice. Fragt im Lebensmittelladen um die Ecke nach, ob ihr älteren Menschen die Einkäufe tragen dürft oder gleich den gesamten Einkauf für sie erledigen könnt.

Pflückt schöne Feldblumensträuße und verkauft sie.

Sät Samen in Töpfchen und verkauft sie.

Malt Steine an und verkauft sie als Briefbeschwerer (auch etwas, das bald aussterben wird, denn wo es keine Briefe mehr gibt, braucht man auch keine Briefbeschwerer).

Geht am letzten Tag eines Rummels über die Wiese, wenn die Fahrgeschäfte gerade abgebaut werden. Meistens findet man da viel Geld, das den Leuten – zum Beispiel beim Kopfüberhängen in der Überschlag-Schiffschaukel – aus den Taschen gefallen ist. Greift in jede Automatenklappe. Oft vergessen die Leute, ihr Wechselgeld mitzunehmen.

Am Sonntagabend ist es dann höchste Zeit, auch einmal über Geld zu sprechen. Was kostet denn das Leben so? Wie funktioniert das mit der Miete und den Steuern? Ich hab als Kind immer gedacht: Das ist doch ganz leicht. Wenn man kein Geld mehr hat, geht man zur Bank und die geben einem welches. Oder man holt sich ein paar Hunderter am Automaten ...

Wochenendtagebuch

Und wenn ihr immer ganz arm wärt? Was würdet ihr tun? Habt ihr Ideen, wie ihr zu Geld kommen würdet? Oder wie würdet ihr es euch trotzdem nett machen? Wie macht man das Beste aus seiner Situation? Ich finde, man muss immer das Beste aus seinem Leben machen, und zwar das Weltbeste. Und das hat meist gar nichts mit Geld zu tun.

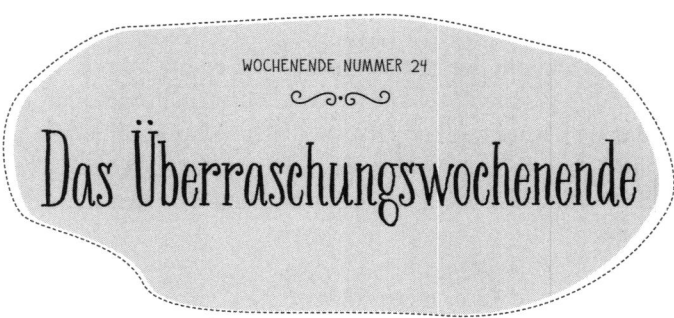

Das Überraschungswochenende

WOCHENENDE NUMMER 24

Manche Menschen mögen Überraschungen gar nicht. Andere lieben Überraschungen. Egal was ihr für Menschen seid – dieses Wochenende wird überrascht, ob ihr wollt oder nicht.

Die ganze Woche über wird bereits heimlich getan. Wenn die Kinder fragen: »Was machen wir am Wochenende?«, setzt ein geheimnisvolles Gesicht auf und sagt: »Lass dich überraschen.« Erzählt den Kindern, dass dieses Wochenende ein Überraschungswochenende wird. Und dass jeder jeden überraschen darf.

Ein Elternteil sollte am Überraschungswochenende allerdings schon der Oberüberrascher sein und einige Dinge geplant haben. Sonst warten alle und nichts geschieht.

Tatsächlich beginnt der Samstagmorgen bereits mit kleinen Überraschungen auf dem Frühstücksteller. Ein kleines Geschenk zwischendurch. Ein Schlumpf oder ein schöner Stift, irgendwas Nettes. Ich kann mich heute noch an das Gefühl erinnern, wenn meine Mutter uns Kindern einen Schlumpf auf den Teller gelegt hatte. Und das einfach so zwischendurch – ohne Geburtstag und ohne dass man es erwartet hätte. Was für eine Freude!

Vielleicht ist der Frühstückstisch heute auch woanders gedeckt. Auf der Terrasse, im Garten oder im Bett? Ein Herz in die Butter geritzt? Ein Herz in den Rasen gemäht? Und wie geht es weiter? Zum Beispiel mit einem Ausflug mit geheimem Picknickkorb im Kofferraum.

»Steigt einfach mal ins Auto!« Dieser Satz macht die ganze Sache noch spannender. Vielleicht erwartet euch an der Picknickstelle bereits eine befreundete Familie, die ihr schon lange nicht mehr gesehen habt. Alles natürlich vom Oberüberrascher geplant.

Vielleicht stattet ihr auch einem Verwandten einen unangekündigten Besuch ab, sodass auch der ganz überrascht ist (hoffentlich freudig).

Beim Mittagessen überrascht ihr eure Kinder dann mit ihrem Lieblingsessen. Tür zu beim Kochen! Vielleicht bereiten eure Kinder inzwischen eine Überraschung für euch vor, indem sie den Tisch besonders schön dekorieren.

Ja, ich finde, jeder sollte an diesem Wochenende jeden mit irgendwas überraschen. Blumen pflücken, ein neues Bild dort aufhängen, wo euch schon seit Jahren dasselbe entgegensieht. Vielleicht überrascht ein Kind mit einem superaufgeräumten Zimmer. Vielleicht hat es in seinem Zimmer auch etwas umgestellt.

Jedes Kind zieht sich heute selbst an, und zwar etwas ganz Überraschendes. Ihr alle könntet etwas anziehen, das ihr so noch nie anhattet. Überraschung!

Vielleicht verschwindet Papa für eine Weile und überrascht dann alle mit Pizza, die er beim Italiener geholt hat.

Kauft Überraschungseier für alle!

Ich hab meiner Familie einmal kleine Schokolädchen in die Betten gelegt – wie im Hotel. Aber leider hat sie niemand gefunden. Am nächsten Tag durfte ich drei Bettlaken waschen. Schokoflecken gehen schwer wieder raus.

Und am Abend liegen die Kindermatratzen ganz überraschend alle im Elternschlafzimmer auf dem Boden. Denn heute wird mal woanders geschlafen. So eine Überraschung aber auch!

Wochenendtagebuch

Und worüber wart ihr schon mal so richtig überrascht in eurem Leben?

WOCHENENDE NUMMER 25

Rosa vs. Blau

Das Klischee sagt: Jungen spielen gern Fußball und Mädchen stricken gern. Geben wir doch mal dem Affen Zucker und trennen einen Tag lang die Geschlechter. Jungs und Väter und Mädchen und Mütter. Es tut einer Familie wirklich gut, wenn die »Jungs« mal unter sich sind und die »Mädels« auch etwas gemeinsam unternehmen. Das stärkt die Vater-Sohn-Beziehung und auch das Mutter-Tochter-Verhältnis. Jungs sind nun mal anders als Mädchen. Da kann man dran rütteln, so viel man will. Es ist so. Bei aller Emanzipation – es wird auch immer so sein.

Ich dachte immer, es läge an der Erziehung, dass Jungen gern mit Waffen spielen. Aber als mein Sohn drei Jahre alt war (hey, ich schwöre, er hatte noch niemals etwas in der Richtung im Fernsehen gesehen), nahm er einen Stock, zielte auf eine vorbeigehende vornehme Dame (ohne Kinder) und rief: »Peng, peng!« Die Dame musterte mich von oben bis unten, als wäre ich eine Schwerverbrechermutter, und sagte: »Die können nicht klein genug sein, da fangen sie schon das Schießen an – furchtbar!« Ich stand da mit meinem gewaltbereiten Sohn und hatte wieder was dazugelernt.

Wohingegen meine Tochter sich mit drei Jahren eines Morgens für den Kindergarten fertig machte und sich auch ein Handtäschchen umhängte. Ich fragte sie, für was sie das Täschchen bräuchte, sie sagte: »Da ist mein Lippenstift drin, falls ich mich mal nachschminken muss.« Nein, ich trage äußerst selten Lippenstift und habe nur einen dabei, wenn ich mal ganz ganz fein ausgehe.

Wenn man viel mit der Familie zusammen unternimmt, kommt hin und wieder das eine oder andere Kind zu kurz, weil jeder etwas anderes will, sich für etwas anderes interessiert. An diesem Wochenende kann man mal ganz auf ein Kind eingehen und sich seinen Wünschen und Bedürfnissen anpassen.

Übrigens auch eine gute Idee, wenn ihr Kinder habt, die vom Alter weiter auseinander sind. Dann heißen diese Tage nicht Mutter-Tochter-Tage, sondern vielleicht Mama-Emma-Tage oder Papa-Lotte-Tage. Vielleicht verbringt ihr die nächsten Wochenenden damit, euch immer neu zu »sortieren«. Freitag wird entschieden, wer mit wem in der Familie etwas Schönes unternimmt. Gönnt jedem mal eine Zeit zu zweit!

Vater-Sohn-Tage

Ich bin immer mehr der Meinung, Väter und Söhne sollen auch in der heutigen Zeit noch hinaus in die weite Welt und Abenteuer erleben. So ein Abenteuer ist nur gar nicht so leicht zu finden. Aber egal was es ist: Es verbindet die Männer im Haus ungemein, wenn sie auch mal eine Zeit unter sich verbringen. Hier ein paar Vorschläge für gemeinsame Abenteuer:

Radtour

Pimpt eure Fahrräder und unternehmt anschließend eine Fahrradtour. Unterhose und Zahnbürste in den Rucksack geworfen und mal sehen, wo man landet. Vielleicht nehmt ihr auch ein Zelt und einen Schlafsack mit.

Angeln gehen

Das klingt so was von klischeehaft – aber ich glaube daran. Ich glaube, es ist gut, schweigend nebeneinanderzustehen und darauf zu warten, dass ein Fisch anbeißt. Selbst wenn man vielleicht nur am Teich einer Forellenzucht steht.

Sport
Treibt gemeinsam Sport. Vielleicht Tennis oder Basketball. Oder lauft einfach mal um die Wette.

Eine Nacht unter freiem Himmel
Vielleicht verbringt ihr ja auch mal eine Nacht draußen im Wald in einem Zelt oder sogar ohne Zelt. Ein unvergessliches Erlebnis. Ehrlich gesagt, hab ich es noch nie getan, aber wenn ich es getan hätte, wäre es sicher unvergesslich geworden. Da bin ich mir sicher.
Brennholz sammeln, ein Feuerchen an einem Fluss entfachen und Würstel grillen – so weit geht es bei mir nun nicht, dass ich von euch verlange, Raupen aufzuspießen oder gar Kaninchen zu jagen! Ihr könnt am Lagerfeuer auch etwas Schönes schnitzen (auch sehr männlich). Lasst Steine über den Fluss flitschen. Bastelt euch Pfeil und Bogen aus Ästen. Oder eine Steinschleuder aus einer Astgabel.

Projekt
Was auch zusammenschweißt, ist ein eigenes Männerprojekt. Überlegt gemeinsam, was ein geeignetes Projekt sein könnte. Eine Landschaft für die *Herr der Ringe*-Figuren? Eine Dinosaurierlandschaft? Eine Graffitiwand im Kinderzimmer? Ein selbst organisierter Fußballverein? Baut ein Baumhaus! Baut eine Seifenkiste oder ein ferngesteuertes Auto.

Männerfilme und Männerbücher
Seht euch am Abend typische Männerfilme an oder lest typische Männerbücher: *Star Wars, Winnetou, Der Schuh des Manitu*. Vielleicht wagt ihr euch auch an einen Karl-May-Roman. Oder lest *Emil und die Detektive* oder *In 80 Tagen um die Welt*.

Und was noch?
Lasst Eisenbahnen im Zimmer fahren, schnitzt etwas aus einem Stück Holz, baut einen Tisch, fahrt Kart, lernt Poker, rangelt miteinander, sprecht über Autos und klettert auf Bäume!

Mutter-Tochter-Tage

Und auch Mama und Tochter dürfen sich dieses Wochenende mal ganz dem Klischee hingeben. Und ich bin sicher, ihr werdet feststellen, dass das gar nicht so schlecht ist. Also, was machen Mädchen gern?

Handarbeiten

Ja, ich weiß, das klingt furchtbar. Aber eigentlich ist es etwas ganz Wunderbares, neben seiner Tochter zu sitzen und gemeinsam etwas zu stricken oder zu häkeln oder zu nähen, während man eine Hörspielkassette von *Hanni und Nanni* anhört. Oder zwei oder drei ...
Aber probiert es doch einfach mal aus. Handarbeiten sind etwas Herrliches. Näht doch einfach einmal ein Stofftier oder eine Puppe. Oder macht aus alten Kleidungsstücken etwas Neues. Das macht Spaß!

Schönheit

Lackiert euch die Nägel, schminkt euch gegenseitig und macht euch schöne Frisuren. Wühlt in Mamas Kleiderschrank und macht eine kleine Modenschau. Oder geht auf eine Wiese und pflückt Blumen. Flechtet euch gegenseitig Blumenkränze. Presst Blumen in einem dicken Versandkatalog.

Backen und Kochen

Das darf auf keinen Fall fehlen. Backt einen schönen Kuchen und kocht etwas Leckeres.

Mädchenspiele

Spielt Gummitwist, hüpft Seil oder spielt Hüpfekästchen. Malt im Hof mit Kreide auf den Boden. Lauft Rollschuh oder Schlittschuh.

Mädchenfilme

Da fällt mir natürlich gleich *Sissi* ein. Das ist richtig was fürs Herz. Oder auch *Die wilden Hühner*. Oder lest doch Mädchenbücher. Zum Beispiel: *Der geheime Garten, Matilda, Anne auf Green Gables* oder *Heidi*.

Sport
Geht doch einmal gemeinsam reiten oder in eine Tanzschule.

Und umgekehrt
Und wenn ihr genug habt von den Männer- und Frauenklischees, dann wechselt doch einfach mal ab: Wie wäre es, wenn nächstes Wochenende die Mama mit dem Sohn näht und der Papa mit der Tochter eine Nacht im Wald verbringt? Oder der Papa strickt und die Mama schnitzt. Ich trau euch alles zu. Und wer das alles nicht kann, der wird es sicher schnell lernen. Ich glaube, lernen kann man alles. Na ja, zumindest fast alles. Ich übe schon so lange das Fliegen und das Unsichtbarmachen – aber es will mir einfach nicht gelingen! Schade.

Wochenendtagebuch
Die Damen: Wenn ich ein Junge wäre, dann würde ich ...
Die Herren: Wenn ich ein Mädchen wäre, dann würde ich ...

Unser kleines Café

»Hätt ich dich heut erwartet, hätt ich Kuchen da, Kuchen da, Kuchen da.« – Dieses Wochenende eröffnet ihr ein Familiencafé! Ob im Garten oder in der Wohnung oder vielleicht im Treppenhaus oder im Hof, ganz egal. Ladet Nachbarn und Freunde ein.Fragt auch gleich herum, wer kleine Tische und vielleicht ein paar Stühle mitbringen kann. Die Tischchen werden schön gedeckt und dekoriert, mit Blumenvase und Blume, Kerzen und vielleicht einer Speisekarte. Am Nachmittag um 15 Uhr wird das Café eröffnet.

Vorbereitungen

Habt ihr schöne Schürzen? Nein? Dann wird es höchste Zeit. Ihr könnt Schürzen nähen, das geht ganz einfach (na ja, vorausgesetzt, ihr habt eine Nähmaschine). Ihr könnt aber auch aus alten größeren T-Shirts Schürzen basteln.

Und das geht so:
1. Ärmel abschneiden.
2. Obere Hälfte der Rückseite wegschneiden (Achtung: der Kragen bleibt) und untere Hälfte in der Mitte durchschneiden. Zieht ihr jetzt den Kragen wie bei einem T-Shirt einfach über den Kopf, sieht es schon fast wie eine Schürze aus.

3. Nun noch ein Band an beide Seiten knoten oder nähen.
4. Wenn ihr weiße T-Shirts nehmt, könnt ihr mittels Kartoffeldruck noch den Namen eures Cafés auf die Vorderseite stempeln.

Ach, apropos, wie heißt euer Café eigentlich? Café Sonnenschein? Café Gugelhupf? Café Apfelstrudel? Oder Café zum Windbeutel? Fräulein Plätzchen?

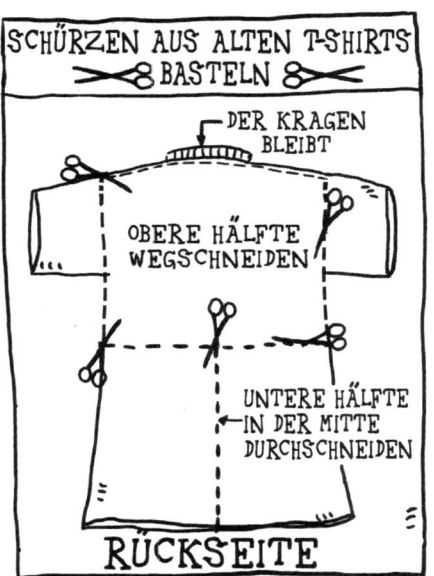

Backen

Dann wird gebacken, was das Zeug hält. Eure Küche verwandelt sich heute zur Bäckerei und Konditorei. Greift am besten erst mal zum Telefon und ruft Omas und Tanten an, erkundigt euch nach den besten alten Kuchenrezepten. Vielleicht lässt sich auch ein kleines Backbuch der Familie zusammenstellen, das man beim nächsten Geburtstag oder zu Weihnachten den lieben Verwandten schenken kann. Wenn ihr die Rezepte an diesem Wochenende backt, fotografiert die Kuchen, Torten, Muffins und Co doch gleich für das Backbuch ab. Und gebt den Kuchen

> **Habt ihr schon mal einen Kuchen selbst erfunden?**
> Nein? Dann aber mal ran an die Schüssel. Seht euch einige Rezepte an, die euch gut gefallen. So könnt ihr ein Gefühl dafür bekommen, wie viel Mehl, Zucker, Butter und Eier in so einen Teig gehören. Vielleicht mischt ihr verschiedene Lieblingskuchenrezepte und fügt noch eine ganz eigene geheime Zutat hinzu. Jetzt braucht der neu erfundene Kuchen noch einen Namen und dann kann er aufgefuttert werden.

die Namen der Verwandtschaft: Omas Banane-Sahne-Kuchen, Tante Gerties Bienenstich, Großmutters Apfeltraum …

So ein Backbuch kann man auch als Fotobuch gestalten und dann gleich mehrmals bestellen. Auch ein paar Zeichnungen der Kinder kann man einscannen und in das Back-Fotobuch einbeziehen.

Backen macht glücklich, wenn man es mit Liebe tut. Wenn es mir mal nicht gut geht, dann backe ich einen Kuchen. Das ist schön. Teig rühren, Teig schlecken, Teig in die Backform füllen, backen – und dann der Geruch, der durch die Wohnung fliegt. Herrlich. Ihr könnt auch Cupcakes oder Cakepops oder Kekse backen. Kakao, Tee und Kaffee machen euer kleines Café komplett.

Musikalische Untermalung

Spielt jemand aus der Familie zufällig ein Instrument? Geige wäre schön. So eine musikalische Begleitung macht jedes Café gleich noch mal schöner. Falls es keine Livemusik gibt, tut es auch eine CD mit schöner Caféhausmusik. Vielleicht französisch?

Unkostenkasse

Stellt eine kleine Unkostenkasse auf. Der Erlös kann für einen guten Zweck gespendet werden. Variante: Bittet alle Gäste, einen Kuchen mitzubringen – ihr sorgt für Getränke, Tische und Stühle.

Wochenendtagebuch

Hier darf euer Geheimkuchenrezept nicht fehlen.

WOCHENENDE NUMMER 27

Der Herbst

Der Sommer ist vorbei. Jetzt ist der Herbst willkommen. Wie jede Jahreszeit hat auch er seine ganz eigenen wundervollen Momente. Sein eigenes Licht, seinen eigenen Geruch, seine eigene Luft, seine eigenen Farben. Fertigt eine Liste an mit Dingen, die ihr unbedingt im Herbst machen wollt und die nur im Herbst möglich sind.

* Sammelt Blätter und presst sie in einem dicken Buch oder in einer Blumenpresse. Daraus kann man später schöne Blätterbilder kleben.
* Sammelt Kastanien (auch wenn ich Bastelbücher mit Kastanienmännchen schon nicht mehr sehen kann, gehören Kastanienmännchen einfach zum Herbst und vor allem zur Kindheit).
* Recht einen Laubhaufen zusammen und springt mit lauten »Juchhe«- und »Hurra«-Rufen hinein.
* Beginnt etwas Schönes zu stricken oder zu häkeln. Vielleicht einen Schal oder eine Mütze.
* Kauft euch warme, kuschelige Socken. Herbstsocken sozusagen.

Großer Herbstspaziergang im Wald

Wenn die Sonne so durch die Blätter schaut, ist der Wald wie verzaubert. Packt zu Hause einen Rucksack mit leckeren Dingen, damit ihr unter den Bäumen ein schönes Picknick machen könnt. Baut ein Igelhaus, indem ihr Laub und Blätter zu einem Haufen zusammenträgt. Da kann dann eine Igelfamilie einziehen.

Nehmt große Sammeltaschen mit, um Bucheckern, Moos und Hagebutten zu sammeln. Wer findet die meisten Zapfen, wer die meisten Bucheckern? Sehen die Bucheckern nicht aus wie kleine Zwerge mit Hüten? Zu Hause könnt ihr dann einen schönen Herbstteller auf den Tisch stellen. Oder aus den Waldmitbringseln einen Herbstkranz für die Türe binden.

Essen

Zum Herbst passt doch eine Kürbissuppe. Oder etwas mit Pilzen. Oder vielleicht ein Flammkuchen.

Feiern

Ein Erntedankfest: Ladet eure Freunde ein, deckt den Tisch mit allen Dingen, die im Herbst so geerntet werden. Und dann kocht ein schönes Gericht aus den herbstlichen Zutaten. Ein Erntedankfest ist für mich unabhängig vom Glauben – denn man sollte nicht für selbstverständlich nehmen, dass wir so reich beschenkt werden mit Gemüse, Getreide und Obst in Hülle und Fülle. Dankt der Natur dafür, den Sternen oder Gott, seid einfach dankbar!

Ein Oktoberfest: Dazu kann man Mandeln in Zucker rösten, Dirndl und Lederhosen anziehen (wenn man welche hat), Malzbier trinken, zu zünftiger Musik schunkeln und Brezen und Hühnchen essen.

Basteln

Blättermobile: Aus gepressten Blättern kann man ein herbstliches Mobile basteln. Aus Kastanien, Bucheckern und Blättern eine Kette. Wenn man viele davon macht, kann man sie wie einen Herbstvorhang vor das Fenster hängen.

Drachen

So wie die Kastanienmännchen gehört auch das Drachensteigenlassen zum Herbst und zur Kindheit dazu. Klar, so ein Drachen ist schnell gekauft. Ich glaube aber, man muss wenigstens einmal mit seinen

Kindern einen Drachen selbst gebaut haben. Das Gefühl, wenn ein selbst gebauter Drachen vom Wind mit in den Himmel genommen wird, ist doch noch mal etwas anderes. Also ran ans Basteln.

Man braucht dazu:
- 2 Rundholzstäbe, circa 80 cm und 100 cm
- stabile, dünne Schnur
- Papier oder auch eine schöne Plastiktüte für die Bespannung
- leichten Stoff oder Krepppapier für den Schwanz
- Kleber
- Klebeband
- eine Schere
- Drachenschnur für die Leine

Und so geht es:
1. Die beiden Stäbe zu einem Kreuz legen und miteinander verbinden. Das geht mit Klebeband oder Schnur am besten.
2. Jeweils eine kleine Kerbe in die vier Enden des Kreuzes sägen und den Drachen mit einer Schnur einmal rundherum bespannen. Die Schnur läuft dabei durch die Kerben im Holz. Eventuell die Schnur noch mit etwas Klebeband festkleben.
3. Den Drachen auf das Papier oder die Plastiktüte legen und seine Form darauf übertragen. Ausschneiden und dabei eine Zugabe von ungefähr 5 cm stehen lassen.
4. Die Zugabe um die gespannte Schnur klappen und festkleben. Für die Drachenwaage eine Schnur am oberen und eine am unteren Ende des langen Stabes anbringen. Die beiden Schnüre miteinander und gleichzeitig mit der Drachenleine verbinden. Hier müsst ihr ein wenig herumprobieren, sonst kippelt der Drachen später und kann den Wind nicht einfangen.
5. Jetzt könnt ihr noch einen Drachenschwanz basteln, indem ihr viele kleine Schleifchen aus Seidenpapier oder aus Stoffresten an eine sehr leichte Schnur bindet und diese am unteren Ende des Drachens festbindet. Nun braucht ihr nur noch Wind und ein bisschen Geduld.

Wochenendtagebuch
Klebt ein besonders schönes gepresstes Herbstblatt in das Buch.

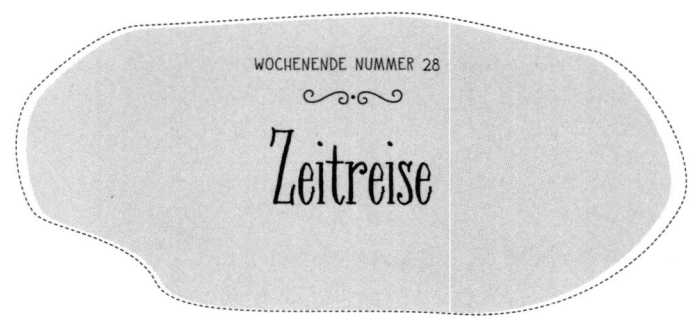

WOCHENENDE NUMMER 28

Zeitreise

»Mama, erzähl mir mal von deiner Früherheit!« Wie oft habe ich diesen Satz von meinen Kinder gehört. Und schon nach Kurzem gingen mir die Geschichten aus – »Kennen wir schon, kennen wir auch schon!« – und ich musste ziemlich tief in meinem Gedächtnis graben, um Erinnerungen an früher auszubuddeln, die meine Kinder noch nicht kannten. Aber je mehr man sich damit beschäftigt, um so mehr fällt einem wieder ein.

Darum ist es auch schön, sich mal eine Liste mit Stichpunkten anzulegen. Was weiß man noch alles aus seiner Kindheit, zum Beispiel zum Thema:

* Kindergarten
* Sommer
* Weihnachten
* Kuscheltiere
* Kinderzimmer
* Lieblingsessen
* Grundschule
* Spiele im Hof
* Freunde
* Abenteuer
* Schandtaten
* Geheimnisse
* Düfte

Was habt ihr euch für die Zukunft vorgestellt? Was wolltet ihr werden? Wann wart ihr das erste Mal verliebt? Und wie weit war die Technik? Hatte schon jeder ein Handy? Gab es schon eine Fernbedienung für den Fernseher?

Auf den Spuren eurer Kindheit

Könnt ihr Eltern Klassenfotos von euch im Internet finden? Klassenkameraden von früher? Holt Fotoalben heraus und setzt euch gemütlich auf das Sofa. Oder wie wäre es mit einem Diaabend? Erzählt von eurer Kindheit: Wie war die? Wie waren eure Eltern? Und wie waren eure Eltern als Kinder? Haben die noch den Krieg erlebt? Ladet doch Oma und Opa zu eurer Zeitreise ein. Sie sollen alte Fotos mitbringen und erzählen. Nehmt das Gespräch doch auf Tonband auf für später.

Habt ihr vielleicht auch Filme von früher? Die eure Eltern gedreht haben? Seht euch einen Lieblingsfilm eurer Kindheit an. Gefällt der euren Kindern genauso gut?

Zeitmaschine

Ob ihr heute eine Zeitmaschine baut, Hüte aufsetzt, die euch nach 1970 bringen, oder euch an den Händen fasst, die Augen schließt und erst wieder öffnet, wenn ihr da angekommen seid, wo ihr ankommen wollt oder besser gesagt: wann ihr ankommen wollt, ist euch überlassen. Aber fest steht, dass dieses Wochenende in einer anderen Zeit verbracht wird.

Zeitreise im Internet

Heute soll euch ausnahmsweise mal der Computer mitnehmen auf die Zeitreise. Alle sitzen um den Computer herum. Dann gebt ihr euer Geburtsjahr in die Suchmaschine ein und geht auf »Bilder«. Schon seht ihr, wie ihr aussaht, als ihr geboren wurdet (also nicht ihr direkt, aber die Menschen eurer Generation).

Was hatte man damals für Kleidung an, welche Frisuren waren modern, welche Künstler aktuell, wie sahen die Straßen aus, welche Autos sind da so herumgefahren, welche großen Ereignisse gab es?

Jetzt gebt die Geburtsjahre eurer Kinder ein. Da werdet ihr wahrscheinlich feststellen, dass sich die Bilder nicht allzu sehr von der heutigen Zeit unterscheiden.

Ob ihr in 20 Jahren anders denkt? Wird man da auch über die Mode von heute lachen und über die Frisuren? Was wird wohl in 20, 30 Jahren erfunden sein, was es heute noch nicht gibt und was dann eine Selbstverständlichkeit sein wird?

Kindheitsessen

Kocht ein Gericht, das euch an eure Kindheit erinnert. Bei mir wäre das Grießbrei. Den hat immer meine Uroma gekocht und ich musste mir danach immer an einem rosa Geschirrhandtuch den Mund abwischen und das hing an einem Stuhl. Und egal wann ich kam, es hing dort und roch nach Grießbrei.

Fotoalbum

Vielleicht haben eure Kinder Lust, auch ein eigenes Fotoalbum zusammenzustellen. Sucht Babyfotos eurer Kinder heraus und vielleicht auch Erinnerungen, die ihr irgendwo gesammelt habt. Auch Zeichnungen aus dem Kindergarten sind nett für so ein Album. Sortiert die Fotos und die anderen Erinnerungen und klebt sie ein.

Ein Kistchen voll Kindheit

Legt eine kleine Kiste an, in die ihr die Lieblingsdinge eurer Kinder hineinlegt, die sie nicht mehr brauchen. Die ersten Söckchen, die erste Zeichnung, den Schnuller, ein Lieblingsbuch, den Lieblingsschlumpf und so weiter. Schenkt das Kistchen euren Kindern zum 18. Geburtstag, bis dahin haben sie es schon längst vergessen und freuen sich umso mehr darüber.

Spiele von früher

Was habt ihr früher gespielt? »Kaiser, welche Fahne weht heute«? Gummitwist? Hüpfekästchen? Hexenschnur? Zeigt doch euren

Kindern die Lieblingsspiele von damals. Singt mit ihnen die Lieder von damals.

Reise zu den Wurzeln

Vielleicht unternehmt ihr heute mit euren Kindern eine Reise zu eurem Geburtsort. Wo steht euer Geburtshaus? Wo seid ihr in die Schule gegangen, wo in den Kindergarten? Wo ist der Ort, an dem ihr Eltern euch zum ersten Mal geküsst habt? Wo sind eure Kinder geboren?

Zeitkapsel

Am Ende des Wochenendes vergrabt ihr eine Zeitkapsel. Dazu braucht ihr ein Kistchen oder eine Dose, die man möglichst luftdicht verschließen kann.

Ihr könnt eine aktuelle Zeitung hineinlegen, Fotos und Briefe, die ihr zuvor an euch selbst geschrieben habt und in denen steht, was ihr gerade denkt, fühlt, was eure Wünsche für die Zukunft sind.

Eure Zeitkapsel könnt ihr auf dem Dachboden oder im Keller aufbewahren oder auch im Garten vergraben. Wenn ihr euch dafür entscheidet, sie im Wald zu vergraben, vergesst nicht, eine Karte zu zeichnen und diese wiederum an einem Ort aufzubewahren, an dem ihr sie auch wiederfindet – vielleicht müsst ihr dann noch eine Karte für die Karte malen und so weiter.

Das wird eine ziemlich lustige Angelegenheit, wenn ihr die Zeitkapsel in 10 oder 20 Jahren wieder feierlich ausgraben wollt ...

Wie die Zeit vergeht ...

Wie schnell die Zeit vergeht, sieht man an seinen eigenen Kindern. Mir geht das alles immer viel zu schnell. Wusch, und schon sind sie in der Pubertät angekommen, waren sie nicht erst gestern Kindergartenkinder?

Und wie die Technik sich schon in dieser Zeit verändert hat – unglaublich. Einmal standen meine Kinder völlig fasziniert in einer Filmkulisse, in der ein Telefon mit Kabel und Wählscheibe stand.

»Und wie tippt man da die Nummer ein?«, fragten sie mich.
»Die wählt man, ganz einfach!«
»Ja und wie?«
Ich zeigte ihnen, wie man die Wählscheibe bis zum Anschlag drehen musste. Sie fanden das äußerst spannend.
Ein andermal habe ich eine alte Einwegkamera gefunden, auf der noch ein paar Bilder übrig waren. Ich drückte sie meiner Tochter in die Hand. Sie fotografierte lustig drauflos und fragte: »Und wo kann ich jetzt das Foto sehen?«
»Erst mal nirgends, denn das Foto ist da auf dem Film, der in der Kamera liegt, den müssen wir zum Entwickeln bringen und dann bekommen wir nach ein paar Tagen die Fotos. Dann kannst du dein Foto sehen!«

Am Sonntagabend reist ihr wieder ins Heute. Vergesst das nicht – nicht dass einer von euch in der Vergangenheit zurückbleibt!

Wochenendtagebuch

Malt einen Stammbaum und klebt Fotos von jedem Familienmitglied in die Äste.

Papperlapappe

WOCHENENDE NUMMER 29

Aus Pappe kann man herrliche Dinge bauen und dies wäre kein Bohlmannbuch, wenn es nicht ein Pappekapitel gäbe. Natürlich bastelt man nicht das ganze Wochenende von früh bis spät. Das Spielen gehört auch dazu. Also wird zuerst gebaut und meistens verselbstständigt sich die ganze Geschichte und das neue Pappspielzeug lädt die Kinder zum Spielen ein. Und vielleicht ja auch die Eltern.

Pappe lässt sich am besten mit Cutter schneiden – Cutter sind allerdings eher Elternsache. Lasst also die Kinder dünnere Pappe mit Scheren schneiden und ihr kümmert euch um das Zurechtschneiden mit dem Cutter. In der Woche vorher müsst ihr natürlich schon für reichlich Pappe sorgen.

Je nachdem, was ihr vorhabt, braucht ihr kleine oder große Kartons oder einfach nur Pappwände. Schuhkartons vom Schuhladen besorgen (morgens anrufen und sammeln lassen und Bescheid geben, dass die Karton noch am selben Tag abgeholt werden, denn die meisten Läden zerreißen die Kartons sofort) oder Umzugskartons von Freunden, die vor Kurzem umgezogen sind.Oder fahrt in einen Technikladen, da gibt es oft riesige Fernsehkartons (also ohne Fernseher) oder Kühlschrankkartons (ebenfalls ohne Gerät): Wer Pappe finden will, muss einfach mit offenen Augen durch die Geschäfte jagen – und schon kann man die Kistchen zu Hause förmlich stapeln.

Denn das ist wichtig bei diesem Wochenende, dass ihr wirklich aus dem Vollen schöpfen könnt!

Piratenschiff

Druckt euch ein paar Bilder von einem schönen Piratenschiff aus dem Internet aus oder holt euch ein Piratenbuch aus einer Bücherei. Dann könnt ihr die Pappe oder einen Karton nach einer schönen Schiffsvorlage bearbeiten und ein kleines Piratenschiff bauen. Für die Schlümpfe oder die Playmobilfiguren oder vielleicht etwas größer für die Barbie.

Sicher möchte Barbie auch mal Pirat sein und dann kann sie gleich noch neue Kleidung genäht bekommen und eine Augenklappe. Die Segel könnt ihr aus Stoffresten schneiden und mit Gummis an Holzmasten (japanischen Essstäbchen oder Rundhölzer aus dem Baumarkt) befestigen.

Ein blaues Tuch könnte das Meer werden und vielleicht bastelt ihr noch eine einsame Insel, auf der Barbie stranden kann, aus einem Karton.

Vielleicht habt ihr auch Lust und ummantelt das Kinderbett mit Pappe und zwar so, dass es aussieht wie ein großes Piratenschiff. Dann könnt ihr selbst in See beziehungsweise in den Kinderzimmerozean stechen. Hoho, Piraten, hoho!

Puppenhaus

Dazu braucht ihr einige Schuhkartons. Hilfreich sind Stoff- und Tapetenmusterbücher – die bekommt man in Einrichtungsgeschäften. Ruft dort einfach an und fragt, ob gerade die alten Musterbücher aussortiert worden sind (ich liebe Stoffmuster- und Tapetenmusterbücher, die müssen in jedem meiner Bücher vorkommen – und hier sind sie wieder! Juhu).

Ihr könnt die Schuhkartons (ohne Deckel natürlich) übereinanderstellen oder aneinander. So wird es entweder ein Puppenhaus oder eine Wohnung. Ihr könnt auch eine Puppenvilla aus Pappen bauen, richtig schön mit Veranda und Treppenhaus. Auch dieses Haus kann ein richtiges Projekt werden, an dem man mehrere Tage herumbastelt und -spielt. Schließlich muss das Häuschen ja auch eingerichtet werden: Braucht ihr da vielleicht noch Bilder für die Wände – zum Beispiel aus Briefmarken? Und eine Speisekammer mit Käse, Wurst und Torten – aus Fimo?

Miniaturlandschaft

Dies könnte ein richtiges Wochenendprojekt werden: Auf einer Unterlage aus einer besonders großen Pappe wird mit vielen kleinen Pappen und gesammelten Pappkistchen (zum Beispiel Arzneimittelverpackungen) eine Stadt gebaut. Malt erst einmal einen groben Plan auf die Unterlage. Wo sollen die Straßen, die Plätze und die Häuser hinkommen? Gibt es vielleicht einen Park mit einem Spielplatz? Oder einen Fluss, der durch ganz Pappenhausen führt? Auch Autos und Menschen werden natürlich aus Pappe gebastelt und bemalt. Ein Hochhaus, ein Schwimmbad, eine Kirche, eine Schule, eine Tankstelle? Vielleicht baut ihr auch eine Eisenbahnlandschaft ganz aus Papier und Pappe. Jeder kann nach seinem eigenen Können ein Häuschen oder einen Baum dazu beisteuern.

Vielleicht habt ihr einen Platz in der Wohnung, an dem das kleine Pappenhausen eine Weile stehen kann, sodass jeder, der gerade Lust dazu hat, daran weiterbauen kann.

Das eigene Haus

Gibt es von eurem Haus oder eurer Wohnung einen Grundriss? Dann holt ihn mal raus und versucht, aus Pappe oder kleinen Kartons euer Zuhause nachzubauen. Alle helfen mit. Aus Papier oder Pappe könnt ihr Miniaturen eurer Möbel anfertigen. Oder ihr richtet euch ganz anders ein. Vielleicht möchtet ihr bunte Tapeten aus Geschenkpapier oder einem Stoffmusterbuch.

Vielleicht baut ihr die Möbel auch aus anderen Dingen: einen Stuhl aus einem Korken, einen Tisch aus einem Joghurtbecher, ein Bett aus einem Frischkäsebehälter und eine Lampe aus einem Muffintütchen. Bilder für die Wand können aus Zeitschriften ausgeschnitten werden.

Und dann müsst ihr selbst natürlich noch einziehen: Einfach Fotos der Familienmitglieder ausschneiden und auf Pappe kleben. Kleine Sockel basteln, damit die Figuren stehen können, und fertig ist die Familie. Nun könnt ihr mit dem Modell einerseits spielen – andererseits könnt ihr die Gelegenheit nutzen, um zum Beispiel eure Wohnung beziehungsweise euer Haus mal wieder umzugestalten.

Wollt ihr vielleicht Zimmer tauschen? Oder lediglich Möbel umstellen? Hier könnt ihr alles ausprobieren.

Kopf durch die Wand

Wie wäre es mit einem Kopf-durch-die-Wand-Bild? Dazu braucht ihr eine menschengroße Pappe, auf die ihr eine Figur malt – zum Beispiel einen Piraten. Dann wird an der Stelle des Kopfes ein Loch in die Pappe geschnitten, durch das ihr euren Kopf stecken könnt. Und schon habt ihr ein lustiges Fotomotiv!

Brot mit Belag

Ihr könnt aus Pappe und Papier auch kleine Brote mit Salami oder Schinken und Gurken ausschneiden. Dann kann man Brotzeit spielen. Oder schneidet eine Pizza aus und lasst sie mit Pappsalami und Papieroliven belegen.

Bauen mit Pappe macht hungrig. Also einer ab in die Küche und einen großen Teller mit Obstspießen zubereitet! Und die sind jetzt mal ausnahmsweise nicht aus Pappe.

Handtasche

Aus Pappe kann man auch eine kleine Handtasche basteln und mit Inhalt füllen. Der wird natürlich auch selbst gebastelt aus – wie könnte es anders sein – Pappe. Ein Spiegelchen, ein Schlüssel, ein Handy, ein Führerschein ... eben was man als Dame so alles im Täschchen dabeihat. Ein wunderschönes Spielzeug für kleine Damen.

Murmelbahn

Oder meine geliebte Murmelbahn – ein Klassiker. Sammelt ganz viele leere Toilettenpapierrollen und Geschenkpapierrollen. Und dann kann es losgehen: Baut eure eigene Murmelbahn! Von einer Leiter hinunter oder von dem Hochbett? Oder die Treppe runter in den Garten? Für uns war die Murmelbahnaktion ein echtes Highlight. Denn es dauerte ziemlich lange, bis die erste Murmel vom Hochbett durch die vielen aneinandergeklebten und übereinandergesteckten Papprollen wirklich den Weg bis hinunter fand. Dort landete sie dann laut scheppernd in einer Aluschüssel. Und wir sprangen vor Freude in die Luft und jubelten.

Unserer Murmelbahn folgten eine Stadt mit Schlumpfhauspilzen, eine Windelkarton-Parkgarage, ein rosa angestrichenes Papp-Barbieschloss, ein Barbiebus, ein Barbieauto mit Pferdeanhänger, ein Barbiewohnwagen, ein Haus für unsere beiden Kinder, in dem sie sogar eine Nacht verbrachten, eine Bank fürs Kinderzimmer, ein Auto, mit dem die Kinder wochenlang auf Reisen im Kinderzimmer gingen, ein Puppenschrank, Schuhkartonbetten für die Stofftiere, eine mannshohe Burg mit feuerspeiendem Drachen, ein Riesenschiff für ein Sommerfest, eine kleine Schuhkartonladenstraße mit Café und Papphüte für eine ganze Schar sehr eleganter Damen.

Aus Pappe ist einfach alles möglich. Wirklich alles. Und hab ich es schon erwähnt? Ich liebe Pappe.

Und was noch?

Nach diesem Wochenende kann man vielleicht nicht mehr »Papp« sagen, weil man Papp-satt ist. Aber es war auch nicht von Pappe, ich kenn nämlich meine Pappenheimer, papperlapapp, nein, ein Pappenstiel war das nicht.

Wochenendtagebuch
Klebt doch einfach ein Stück Pappe in das Buch.

Familienkunst

WOCHENENDE NUMMER 30

Was ist Familienkunst? Na ja, Kunst mit der Familie! Oder anders formuliert: Hier wird die Familie zur Kunst. Und dies auf die unterschiedlichsten Arten.

Bevor ihr allerdings zum Pinsel greift – wie wäre es, wenn ihr euch erst einmal ein wenig inspirieren lasst? In einer Ausstellung oder einem Museum? Was, das ist langweilig? Von wegen! Macht doch eine Museumsrallye daraus, erfindet Geschichten zu Bildern, malt vor Ort Bilder ab und versucht, Fakten über die Künstler herauszufinden! Und was wollte uns der Künstler mit diesem Punkt über dem Strich sagen? Wer hat die beste Idee?

Mit so viel Kunstverständnis könnt ihr euch jetzt euren eigenen Familienbildern widmen.

Jeder malt jeden

Großen Spaß macht es, wenn jeder jeden malt, jeder von jedem eine Karikatur oder einen Scherenschnitt herstellt. Wenn ihr die unterschiedlichen Techniken in nicht allzu großem Format ausprobiert, könnt ihr die Kunstwerke später auf diese kleinen Papierteller, die aussehen wie schön geschwungene Rahmen, kleben und aufhängen.

Porträt

Das erste Bild des Tages wird ein ganz normales Porträt. Es ist dabei völlig egal, wer am besten malt und welches Werk dem Modell später am ähnlichsten ist, der Spaß dabei zählt!

Scherenschnitt

Ihr braucht:
* Schwarzes Tonpapier
* eine Schere
* eine Lampe
* große weiße Blätter
* einen Bleistift

Und so geht es:
1. Befestigt ein weißes Blatt auf Höhe des Kopfes des zu Porträtierenden an der Wand. Stellt die Lampe so, dass das Profil einen klaren Schatten auf das Papier wirft.
2. Nun umfahrt ihr das Schattenbild mit dem Bleistift.
3. Dann könnt ihr das weiße Papier ausschneiden, auf das schwarze Papier legen und die Umrisse auf darauf übertragen. Ausschneiden – fertig! Jetzt habt ihr einen schönen Scherenschnitt.

Wer gut ist im Scherenschnitt, kann es natürlich ohne Lampe und weißes Papier versuchen, einfach so wie die Straßenkünstler.

Karikatur

Bei einer Karikatur geht es darum, die Merkmale der zu malenden Person stark zu übertreiben. Seht euch jeden in der Familie genau an. Wer zeichnet sich besonders durch eine große Nase, eine hohe Stirn oder volle Lippen aus? Seht euch verschiedene Karikaturen im Internet an.

Collage

Druckt verschiedene Porträtfotos der Familienmitglieder aus. Könnt ihr einen Kopf aus all diesen Fotos kleben? Das rechte Auge von Mama, das linke vom Hund Schnuffi, die Nase von Oma Lieschen und der Mund von Sohn Max?

4 x Porträt

Oder druckt von jedem viermal dasselbe Porträt aus. Es sollte circa DIN-A4-groß sein. Jetzt klebt die vier Bilder auf eine große festere Pappe. Nun darf jedes Bild auf eine andere Art und Weise verändert werden. Eines vielleicht mit Buntstiften bemalt, ein anderes mit Wolle beklebt, eines mit Bildern von Augen, Nase und Mund aus Zeitschriften überklebt und eines mit bunten Fetzen aus Tonpapier wie ein Mosaik beklebt.

Selbstporträt

Jetzt malt jeder ein Bild von sich selbst. Oder zwei? Oder drei? Denn Übung macht den Meister. Dazu setzt ihr euch mit Papier und Stift vor den Spiegel. Hört mit den Selbstporträts erst auf, wenn ihr das Gefühl habt, jetzt sieht es euch ein bisschen ähnlich (na ja, ihr müsst nicht bis zum nächsten Tag vor dem Spiegel sitzen bleiben).

Karteikarten

Vielleicht habt ihr Lust, all diese Porträts auf DIN-A6-Karteikarten zu malen. Dann könnt ihr am Abend alle nebeneinander an eine Wand hängen und eine kleine Ausstellung machen. Ihr könnt die Karten auch mit Wäscheklammern an eine lange Wäscheleine hängen. Quer durchs Zimmer.

Das Familienbild

Und nun malt jeder noch ein Bild der ganzen Familie. Wer gehört alles dazu? Opa und Oma und die Tante Ilsebilse auch? Am Sonntagabend gibt es vielleicht eine kleine Ausstellung, dann kann sich Tante Illsebilse in Öl bewundern oder als Collage – oder vielleicht als Karikatur?

Wochenendtagebuch

Klebt ein gemaltes Familienporträt ins Tagebuch.

WOCHENENDE NUMMER 31

Auf dem Bahnhof

Wo ist der nächste große Bahnhof in eurer Nähe? Findet das doch heraus und dann nichts wie hin. Ein Bahnhof kann sehr spannend für Kinder sein und der Aufenthalt dort kostet nichts. Seht den Zügen zu, die ankommen und wegfahren. Setzt euch auf eine Bank und seht den Reisenden zu. Erfindet kleine Geschichten. Wo wollen die wohl hin? Wo kommen sie her?

Wie liest man eigentlich die Fahrpläne? Macht doch ein Spiel daraus: Wann fährt der Zug nach Hamburg ab und auf welchem Gleis kommt er an? Wie lange braucht der Zug von Ulm nach München?

Schließt die Augen und hört einfach mal zu. Wie hört sich ein Bahnhof an?

Vielleicht gibt es eine Internationale Presse und ihr könnt eine ausländische Zeitung kaufen. Die kann man lesen, wenn man die Sprache kann, man kann sie aber auch zum Einwickeln eines Geschenks nehmen, oder man kann sie sich an die Wand hängen. Man kann damit sogar eine ganze Wand tapezieren oder ein Kistchen oder einen Ordner damit bekleben. Besonders schön finde ich dafür immer japanische oder chinesische Zeitungen. Aber auch französische Modezeitungen machen sich gut an einer Wand. Oder eine englische *Mickey Maus*. Die könnt ihr dann zu Hause vorlesen und lernt gleich noch ein bisschen Englisch dazu.

Stellt euch doch auf eine Brücke, unter der Züge hindurchfahren, und winkt dem Lokführer.

Zu Hause könnt ihr die Modelleisenbahn von Papa, die sicher noch irgendwo auf dem Speicher oder im Keller herumsteht, aufbauen und vielleicht eine neue Miniaturlandschaft dazubauen. Falls ihr so eine Bahn nicht habt, baut doch trotzdem die Landschaft. Aus kleinen Kartons, Pappe und Papier. Da können ja auch kleine Autos fahren oder ihr baut die Züge auch noch selbst. Oder ihr baut einen Zug aus Schuhkartons für die Stofftiere.

Und wenn ihr am Freitag noch ein paar Wissensbücher über Züge aus der Bücherei geholt habt, könnt ihr auch noch etwas lernen.

Aber vielleicht kauft ihr, wenn ihr auf dem Bahnhof seid, ja auch wirklich eine Fahrkarte für die Familie und steigt am Samstagmorgen in einen Zug, übernachtet irgendwo und kommt am Sonntagabend wieder zurück. Wer weiß ...

Wochenendtagebuch

Malt einen langen Zug auf noch längeren Schienen in das Buch. Und aus jedem Waggon winkt ein Familienmitglied heraus.

WOCHENENDE NUMMER 32

Wir schreiben ein Buch

Jeder Mensch sollte in seinem Leben ein Haus gebaut, einen Baum gepflanzt und ein Buch geschrieben haben. Na ja, eigentlich einen Sohn gezeugt haben – aber ich denke mal, wenn ihr dieses Buch gekauft habt, habt ihr auf jeden Fall schon ein Kind – ob nun Sohn oder Tochter – und damit für mich das Wichtigste im Leben schon erreicht. Einen Baum habt ihr ja vielleicht schon gepflanzt, wenn ihr das Weltretter-Wochenende gelesen habt, und vielleicht habt ihr auch schon ein Haus gebaut, und sei es nur ein Baumhaus oder ein Kinderhaus im Garten. Darum bietet es sich jetzt in diesem Moment, an diesem Wochenende an, die dritte Aufgabe zu erfüllen: ein Buch schreiben.

Die ganze Familie kann mitmachen. Setzt euch zusammen und überlegt, was für ein Buch ihr schreiben wollt. Worum soll es gehen? Wie lang soll es sein? Wer möchte was übernehmen? Wer kann sich um die Illustrationen oder Bilder kümmern?

Der Roman

Vielleicht habt ihr Lust, einen Kinderroman zu schreiben. Doch wo kommen die Ideen für die Geschichte her? Da gibt es verschiedene Möglichkeiten:

Überlegt einmal, ob es in eurem Leben Geschichten gibt, die erzählenswert sind. Vielleicht können eure Kinder die Hauptfiguren des Romans sein und ihr erzählt darin all die lustigen kleinen Episoden, die ihr eben gesammelt habt. Oder ihr erzählt die Geschichte der Großeltern?

Wie wäre es, wenn ihr eure Familie in Mäuse umwandeln würdet und diese Mäuse mit euren Namen erzählen nun die große Mausgeschichte eurer Familie.

Ihr wollt aber eine ganz neue Geschichte erfinden? Eine Fantasiegeschichte? Auch kein Problem: Legt ein großes Blatt Papier in die Mitte des Tisches. Und nun stellt euch folgende Fragen:
1. Wer soll die Hauptfigur sein (ein Tier, ein Mädchen, ein Mann, ein zum Leben erwachter Gegenstand ...)?
2. Wie soll sie heißen?
3. Wie sieht sie aus? Zeichnet eine Skizze auf das Papier.
4. Welchen Charakter besitzt sie (lustig, schüchtern, frech, schräg, brav, ängstlich ...)?
5. Hat sie irgendwelche besonderen Fähigkeiten oder auffallenden Eigenschaften (kann mit Tieren sprechen, stottert, hat keine Freunde, ist unsichtbar, kann fliegen, zaubern ...)?
6. Gibt es Freunde? Familie? Und wie ist das Verhältnis der Hauptfigur zu ihnen?
7. Wo lebt sie (auf einem Boot, in einer kleinen Wohnung, in einer Schuhschachtel, auf einem Baum, in der Wüste, auf einer Wolke, in Berlin ...)?
8. Was soll sie erleben (zum Mond fliegen, Freunde suchen, eine Bande gründen, einer Hexe begegnen, mit dem Zirkus reisen)?

Malt und schreibt alles auf. Statt zu malen, könnt ihr auch Bilder und Fotos von Personen oder Tieren aufkleben, die ihr passend findet. Jetzt malt ihr einen Handlungsstrang. Das geht so: Auf einem neuen Blatt Papier zieht ihr eine Linie. Jetzt schreibt ihr an diese Linie die verschiedenen Stationen eurer Geschichte in Stichworten. Anfang, Mittelteil, Ende. Jetzt fügt ihr dem Handlungsstrang hier und da kleine Nebengeschichten, Erlebnisse und Abenteuer hinzu.

Aller Anfang ist schwer

Der Anfang ist immer das Schwerste. Nicht weil einem nichts einfällt, sondern weil es so viele Anfänge gibt. Hier eine kleine Zusammenstellung möglicher Anfänge:

★ Es war einmal ...
★ Die Sonne brannte heiß vom Himmel herunter ...
★ »Gib das her«, rief Hänschen und stampfte wütend mit dem Fuß auf ...
★ Es gibt so Tage, da weiß man nicht, was man tun soll, an diesem Tag aber ...
★ Leonie riss die Augen auf. Irgendetwas hatte sie geweckt und sie wusste nicht was ...
★ An einem schönen Sommertag ging Charlotte die Müllerstraße entlang ...
★ Dies ist die Geschichte meiner Familie. Meine Familie besteht aus ...

Jetzt seid ihr gut vorbereitet und könnt zu schreiben beginnen. Ihr könnt gemeinsam schreiben, aber auch jeder für sich. Einer kann das erste Kapitel übernehmen, der andere das nächste und so weiter. Während die einen schreiben oder überlegen, wie die Geschichte weitergehen könnte, beginnen die anderen vielleicht bereits mit dem Gestalten des Covers oder mit den Illustrationen.

Schenk mir eine Geschichte

Euer Buch könnte auch ein wunderbares Weichnachtsgeschenk für alle Verwandten werden. Wenn ihr die Texte in den Computer ein-

gebt und die Bilder einscannt, könnt ihr es bei einem Digitalfotoservice als Fotobuch in Auftrag geben und so oft nachbestellen, wie ihr wollt. Oder ihr lasst das Buch im Copyshop ausdrucken und mit einer schönen Ringbindung versehen.

Ich finde, man sollte viel öfter Geschichten verschenken. Oder Gedichte. Ich habe meinen Kindern oft zu Weihnachten Geschichten geschenkt. Da ging es dann jedes Mal genau um das Thema, das sie gerade interessiert hat, oder es war eine Geschichte, die wir gemeinsam erlebt haben. Mein Mann und ich haben die Abende vor Weihnachten damit verbracht, die Bilder zu den Geschichten zu zeichnen und das Buch zu binden. Wir hatten viel Spaß dabei.

Als mein Sohn fünf Jahre alt war, musste ich einmal für eine Woche beruflich weg und fragte ihn, ob ich ihm etwas mitbringen solle, worauf er antwortete: »Bring mir eine Geschichte von einer Piratenkatze mit!«. Und das tat ich dann auch.

Geschichten über Geschichten

Vielleicht wird es kein dicker fetter Roman, den ihr da schreibt, vielleicht nur eine Kurzgeschichte oder ein Bilderbuch.

Wenn ihr nicht malen mögt aber dennoch gern Bilder in eurem Buch hättet, versucht doch mal, das Ganze fotografisch zu lösen: Stellt im Text vorkommende Situationen nach – selbst oder mithilfe von Barbiepuppen, Stofftieren oder Legomännchen. Als Weihnachtsgeschenk könnt ihr so auch die Weihnachtsgeschichte nachstellen, fotografieren und zusammen mit dem Text als Buch binden.

Oder vielleicht habt ihr Lust, einen Comic zu zeichnen oder einen Comic zu fotografieren – wie die Foto-Lovestorys in Jugendmagazinen.

Vielleicht schreibt auch jeder von euch seine eigene Geschichte und ihr stellt ein großes Familiengeschichtenbuch zusammen. Die Welt ist voll von Geschichten. Traut euch einfach! In jedem steckt eine Geschichte, die heraus will.

Wochenendtagebuch

Welches ist euer liebstes Buch auf der ganzen Welt?

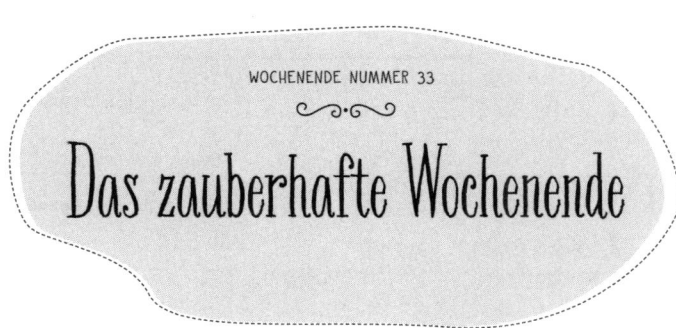

WOCHENENDE NUMMER 33

Das zauberhafte Wochenende

Wer liebt nicht die zauberhafte Geschichte von Harry Potter? Und im Grunde ist sie eine wirklich tolle Geschichte für Kinder jeden Alters, wenn man ein paar besonders gruselige Stellen weglässt. Eine gemeinsame Reise durch Harry Potters Welt ist einfach fantastisch. Sind eure Kinder noch zu klein, um dem Originaltext folgen zu können, erzählt doch in etwas abgewandelter Form die Geschichte von dem Jungen, der an seinem zehnten Geburtstag erfährt, dass er ein Zauberer ist und auf ein Zauberinternat geschickt wird. Erzählt von den fantastischen Dingen, die ihm im Internat begegnen, und vor allem von seinen Freunden Hermine und Ron. Von seiner Eule Hedwig. Ja, auch Bösewichte darf es geben, aber bitte in abgeschwächter Form.

Auch die Harry-Potter-Filme sind schön. Allerdings gab es bei uns die Regel: Erst wenn man ein Buch gelesen hat, darf man auch die Verfilmung sehen. Denn wenn man den Film gesehen hat, liest man meist das Buch nicht mehr. Und diesen Genuss will man seinen Kindern doch nicht vorenthalten.

Wie kann man nun dieses Wochenende im Zauberfieber verbringen?

Eure Kinder finden, gleich nachdem sie aufgestanden sind, einen mit Siegel verschlossenen Brief, in dem steht, dass sie nach Hogwarts eingeladen sind. Eine Liste mit Dingen, die sie mitbringen sollen, liegt

bei. Beginnt nun den Tag mit den Geschichten von Harry Potter (lesen oder erzählen). Kleinere Kinder können, damit ihnen das Zuhören nicht zu lang wird, Bilder dazu malen. Vielleicht ein großes Hogwarts, in dem die Figuren Harry, Hermine und Ron, ausgeschnitten aus Papier, wohnen können.

Zauberhafte Namen

Gebt euch doch für dieses Wochenende Zauberernamen. Wer will Hermine heißen? Wer Dumbledore? Oder Hedwig? Oder ihr lasst euch ganz andere, neue Namen einfallen.

Wer kann Zaubertricks?

Führt einfach reihum ein paar Tricks vor. Es können auch ganz schlechte Tricks sein wie »Ich zaubere meiner Hand einen Finger weg« – Finger nach unten biegen und Applaus ernten. Je doofer, desto lustiger. Der beste Zaubertrick bekommt den goldenen Schnatz oder ein Gummibärchen. An unserem Zauberertag lagen wir irgendwann vor Lachen fast am Boden. Denn jeder kam mit abstruseren Tricks daher.

Nach der Vorführung wird in der Winkelgasse eingekauft:

* Umhang (nähen)
* Zauberbuch (in das ihr Drachen und Fantasiewesen, wichtige Pflanzen, Zaubersprüche oder Zaubertrankrezepte hineinmalt und -schreibt)

* Zauberhut (basteln)
* Zauberstab (schnitzen)
* Zaubertier (Vielleicht könnt ihr eine Eule, eine Katze oder eine kleine Ratte aus Stoffen nähen? Vielleicht haben die Kinder auch ein passendes Stofftier?)

Geschichte erfinden

Was wäre, wenn Harry Potter auf Bibi Blocksberg träfe?
»Ich bin Harry. Harry Potter!«
»Freut mich. Bibi. Bibi Blocksberg!«
»Freut mich. Wie heißt dein Lieblingszauberspruch, Bibi?«
»›Hex hex‹ und vorher irgend so ein Reim! Und deiner?«
»Ich kann nur zwei: ›Lumos‹ und ›Expelliarmus‹.«
»Aha, und damit kommst du durch?«
»Ich hab immerhin Voldemort damit besiegt!«
»Versuch es doch nächstes Mal einmal mit: ›Ene meene, Voldemort, ab heute bist du weg und fort – hex hex!‹«
»Guter Tipp, Bibi – danke!«
»Gern geschehen, Harry, vielleicht können wir ja mal zusammen fliegen?«

Wusstet Ihr schon ...?

Was ist eigentlich der Unterschied zwischen Zauberern und Hexen? Und welche berühmten Hexen gibt es? Ich dachte immer, Hexen sind Frauen und Zauberer sind Männer. Aber es ist doch etwas komplizierter. Es gibt durchaus auch Hexer und weibliche Zauberer, die heißen aber dann nicht Zauberinnen, was schade ist, denn

Bertie Botts Bohnen

Kauft im Süßwarenladen Jelly Beans in vielen verschiedenen Farben und Geschmacksrichtungen. Und versucht, beim Essen herauszubekommen, welcher Geschmack es ist.

»Zauberin« fände ich ein schönes Wort. In Märchen gibt es mehr Hexen als Zauberer. Und die sind immer alle böse, denn wenn jemand Gutes zaubern kann, dann heißt er – äh, ich meine *sie* – Fee. Obwohl eine Fee doch auch zaubert und nicht feet. Komisch, oder? Zauberer zaubern, Hexen hexen und Feen?

Und was kocht man an so einem Wochenende?

Natürlich einen Scheiterhaufen.

Für 4 Personen braucht ihr:
* 1 kg Äpfel (am besten Boskop)
* 3 EL Zitronensaft
* 1 Päckchen Vanillezucker
* 1 TL Zimt
* ¼ l Milch
* 4 Eier
* 6 Semmeln (also für die Nichtbayern Brötchen oder Schrippen) (oder Weißbrotscheiben)
* 50 g Butter
* Vanillesoße

Und so geht es:
1. Die Äpfel schälen, vierteln und entkernen. In hauchdünne Scheiben schneiden, mit Zitronensaft beträufeln und mit Vanillezucker und Zimt bestreuen.
2. Die Semmeln in Scheiben schneiden.
3. Die Milch erwärmen und mit den Eiern verquirlen, die Semmeln darin einweichen.
4. Eine Auflaufform mit etwas Butter einpinseln, und abwechselnd Brotmasse und Apfelscheiben hineinschichten, mit einer Lage Brotmasse abschließen.
5. Butter in Flöckchen auf dem Auflauf verteilen und im vorgeheizten Backofen bei 200 Grad circa 50 Minuten backen, bis der Scheiterhaufen schön goldbraun ist.
6. Warm oder kalt mit Vanillesoße servieren.

Da bei uns eine Hälfte der Familie keine Rosinen mag, die andere Hälfte aber schon, bekommt der Scheiterhaufen immer zur Hälfte Rosinen verpasst.

Ihr könnt auch Spaghetti in mit grüner Lebensmittelfarbe gefärbtem Wasser kochen, dann werden sie grün. Das ist interessant, denn Lebensmittelfarbe schmeckt ja eigentlich nach nichts und *trotzdem* hat man das Gefühl, grüne Spaghetti schmecken anders. Auch eine Kürbissuppe ist natürlich passend. Den Kürbis könnt ihr auch aushöhlen und als Kürbislaterne auf den Tisch oder ins Fenster stellen.

Sonntagabend

Auch Zauberer müssen schlafen. Zaubert eure Kinder doch mal in die Betten. Vielleicht seid ihr ja an diesem Wochenende so gute Zauberer geworden, dass ihr den Kindern die Augen zu zaubern könnt und sogar das Licht wegzaubert. Enemenemei, das Zauberwochenende ist vorbei! Hex hex – ich meine zauber zauber!

Wochenendtagebuch

Schreibt eure Zauberernamen ins Buch und einen wichtigen Zauberspruch.

WOCHENENDE NUMMER 34

Das perfekte Dinner

Jetzt benutze ich doch mal das Wort »perfekt«, obwohl ich es nicht so gern mag – aber es will ja auch mal in meinem Buch vorkommen. Und außerdem verbindet man mit diesem Titel ja auch die gleichnamige Sendung im Fernsehen.

Veranstaltet dieses Wochenende doch mal in eurem Freundeskreis ein perfektes Dinner. Immerhin gibt es drei Abende: Freitag, Samstag und Sonntag. Platz für drei Familien, Hunger für dreimal Essen. Jede Familie lädt an einem der drei Tage selbst ein und wird an den anderen beiden Tagen eingeladen. Vielleicht lasst ihr die Bewertung des jeweiligen Dinners nach dem Essen weg – es muss ja nicht immer alles Wettbewerb sein. Vielleicht habt ihr aber auch gerade Lust auf Punktevergabe und notiert eure Bewertung auf kleine Zettel. Vielleicht legt jeder ein wenig Geld (auch die Kinder ein wenig von ihrem Taschengeld) in ein Kuvert und der, der am Ende gewonnen hat, darf das Geld für einen guten Zweck seiner Wahl spenden.

Oder ihr ladet einfach so mal wieder Freunde zum Essen ein. Manchmal läuft einem die Zeit so davon, dass man die wichtigen Dinge einfach vergisst oder ständig verschiebt. Man trifft zufällig jemanden, den man lange nicht mehr gesehen hat, und verabschiedet sich mit den Sätzen: »Wir müssen uns mal wieder verabreden« oder »Ich meld mich« oder »Ruf mich an« oder, auch beliebt, »Diese Woche ist noch viel los, aber dann wird es ruhiger«. Und schwuppdiwupp ist ein weiteres Jahr um und man hat sich wieder nicht gesehen.

Dieses Wochenende könnt ihr jemanden einladen und zwar jemanden, den die ganze Familie mag und den man schon lang nicht mehr gesehen hat.

Mit einer richtigen schönen schriftlichen Einladung (die muss natürlich schon in der Woche davor abgeschickt werden). So richtig mit der Post. Also ganz altmodisch. Als Einladung könnt ihr von euren Kindern auf eine Karte einen Teller und Besteck malen lassen und auf den Teller schreibt ihr dann: »Einladung zum Essen«. Ihr könnt auch ein kleines Holzbesteck verschicken und darauf das Datum schreiben oder eine Menükarte verschicken mit den verschiedenen Speisen, die es an dem betreffenden Abend geben soll.

Und schon geht es richtig los

Alle helfen mit. Ich finde es immer wichtig, dass die Kinder Gastfreundschaft lernen, dass sie lernen, wie schön es ist, mit viel Liebe und auch ein bisschen Mühe ein Essen für Freunde zu zaubern.

Erst einmal wird ein Menü zusammengestellt – alle wühlen in den Kochbüchern. Vor-, Haupt- und Nachspeise werden ausgewählt. Die benötigten Zutaten werden auf eine Einkaufsliste geschrieben.

Während einer aus der Familie einkauft, kann ein anderer schon mal die Wohnung aufräumen – oder alle machen alles gemeinsam. Über den Markt gehen ist auch ein wunderschönes Familienerlebnis.

Wie wird der Tisch gedeckt?

Sucht euch aus Zeitschriften Anregungen heraus, oder lasst die Kinder die gesamte Dekoration übernehmen – ihr glaubt gar nicht, wie kreativ Kinder sein können! Da könnte dann eine Eisenbahn über den Tisch fahren ... oder die Sets sind aus Lego gebaut – oder vielleicht wird der Tisch mit einem Papier umhüllt und die Tischdecke lädt so zum Malen ein.

Bastelt Tischkärtchen mit den Namen der Gäste. Vielleicht schreibt ihr die Namen auch auf schöne Steine, die ihr gesammelt habt. Schreibt eine Menükarte oder faltet Origamitierchen für die Dekoration.

Oder wie wäre es mit einem Candle-Light-Dinner? Kerzen müssen auf jeden Fall auf den Tisch, die machen gute Stimmung. Und welche Hintergrundmusik passt?

Habt ihr vergessen, Blumen für die Dekoration zu kaufen? Kein Problem – Blumen aus Papier ausschneiden, an einem Draht befestigen und in eine Vase stecken.

Dann geht es ans Kochen

Alle, die mögen, schnippeln mit – gemeinsam in der Küche stehen ist einfach schön. Wenn dann die Gäste kommen, kann sich ein Kind als Garderobiere betätigen und ein anderes als Ober. Vielleicht hat auch jemand aus der Familie Lust, zwischen Haupt- und Nachspeise eine kleine Darbietung zu geben. Blockflöte spielen? Ein Zauberkunststück? Oder vielleicht ein Gedicht vortragen? Und nun wünsche ich euch einen guten Appetit!

Und noch etwas

Am schönsten ist es für Kinder, wenn sie sich, während die Großen noch ein wenig beisammen am Tisch sitzen bleiben und sich unterhalten, nach dem Essen gemütlich aufs Sofa legen dürfen und von dem gedämpft herüberklingenden Gespräch bei Tisch in den Schlaf gelullt werden.

Am zweitschönsten ist es, wenn man zu viel gekocht hat und am nächsten Tag ein Resteessen machen kann. Dann muss man nicht noch mal kochen und das Essen schmeckt oft noch besser als am Tag zuvor. Und am drittschönsten ist es, wenn man ganz bald wieder jemanden zu einem wunderbar perfekten Dinner einlädt.

Wochenendtagebuch

Malt doch in euer Wochenendtagebuch drei Teller und darauf eure Vor-, Haupt- und Nachspeise!

WOCHENENDE NUMMER 35

Spieletage

Dieses Wochenende wird gespielt. Wandelt euer Wohnzimmer in eine Spielhölle um!

Roulette

Improvisiert einen Roulettetisch. Spannt Packpapier über den Tisch und malt darauf die Einsatzfelder auf – das sogenannte Tableau: oben eine 0, darunter zwölf mal drei Felder mit den Zahlen von 1 bis 36 – abwechselnd rot und schwarz angemalt –, an der Seite jeweils ein Feld für Rot, Schwarz, Niedrig (1–18), Hoch (19–36), Ungerade und Gerade. Am besten schaut ihr euch die Aufteilung der Felder im Internet an.

Das Roulette selbst besteht aus einem Kreis (er kann mit einer Bande aus Pappe begrenzt werden). Schreibt die Zahlen 0 bis 36 hinein. Jetzt braucht ihr noch einen Kreisel. Knöpfe, Steine oder Muggelsteine können die Jetons sein.

Einer spielt den Croupier (Spielleiter). Jeder Spieler bekommt zehn Jetons. Circa 30 Jetons sollte der Croupier für die Bank zur Seite legen.

Der Croupier sagt nun: »Faites vos jeux!« (Machen Sie Ihr Spiel). Alle legen ihre Steine auf eines der Felder. Wenn der Croupier sagt: »Rien ne va plus« (nichts geht mehr), darf man sich nicht mehr umentscheiden. Dann lässt der Croupier den Kreisel kreiseln.

Die Zahl, an der der Kreisel liegen bleibt, hat gewonnen. Alle Jetons, die auf dieser Zahl oder einem richtigen Feld (Rot / Schwarz, Ungerade / Gerade) liegen, werden verdoppelt, alle anderen Jetons bekommt die Bank, also der Croupier.

Stadt, Land, Fluss

Dieses Spiel ist ein Evergreen. Wir lieben es! Und wir lieben es vor allem, immer wieder neue Oberbegriffe zu finden. Statt »Stadt« und »Land« nehmen wir »Promis« oder »etwas, was grün ist« oder »etwas, was man essen« kann. Statt »Fluss« nehmen wir meist »Wasser«, dann können die Kinder, die sich noch nicht mit den vielen Flüssen auf der Welt auskennen bei B zum Beispiel »Badewanne«, bei P »Pfütze« oder bei T »Teich« in ihre Spalte schreiben.

Brettspielemarathon

Holt alle Brettspiele raus und spielt einen Brettspielemarathon. Dazu spielt man jedes Spiel einmal und schreibt jeweils den Gewinner des Spiels auf eine Liste. Wer am Ende die meisten Spiele gewonnen hat, ist der Champion des Wochenendes.

Selbermachen

Erfindet doch mal selbst ein Spiel. Vielleicht ein Brettspiel. Ihr könnt die Spielfiguren aus Fimo formen und das Spielbrett aus einem Holzbrett oder aus Pappe basteln.

Auch ein Memory selbst zu gestalten macht Spaß: Fotos ausdrucken und diese auf circa 5 x 5 Zentimeter große Quadrate aus Pappe oder festerem Papier kleben. Ihr könnt die Fotos vielleicht auch laminieren. Nicht nur zwei identische Bilder können übrigens ein Memory-Paar bilden, versucht es auch mal mit Gegensatz-Paaren oder solchen, die sich ergänzen, zum Beispiel: Hand und Fuß, Oma und Opa, Dick und Doof, Oliver Kahn und ein Fußball.

Schachbrett

Auch ein Schachbrett kann man selbst machen. Was sind die Figuren? Schlümpfe? Playmobil oder selbst gemachte Pappfiguren? Auch Steine mit Symbolen wie Krone, Pferd und Turm können die Schachfiguren darstellen. Oder Gebrauchsgegenstände. Da wird dann ein Salzstreuer zum König, ein Pfefferstreuer zur Dame, zwei Spitzer zu Springern, zwei Klebestifte zu Türmen, und so weiter.

Oder ihr faltet die Schachfiguren aus Origamipapier. Faltanleitungen aus Internet oder Büchern besorgen. Frösche sind dann die Bauern, die Kraniche die Läufer, zwei Pinguine die Türme ...

Mensch ärgere dich nicht

Bastelt doch ein Weihnachts-ärgere-dich-nicht. Mit 4 Tannenbäumen, 4 Schneemännern, 4 Engelchen und 4 Nikoläusen als Spielfiguren. Oder ein Oster-ärgere-dich-nicht: 4 Hasen, 4 Küken, 4 Eier und 4 Karotten. Oder ein Halloween-ärgere-dich-nicht? 4 Kürbisköpfe, 4 Geister, 4 Hexen und 4 Unsichtbare.

Wenn das Wetter schön ist: Spiele draußen
Fischer, welche Fahne weht heute?

Das geht so: Der »Fischer« steht auf einer Seite, die anderen Spieler mindestens 20 Schritte von ihm entfernt auf der anderen. Sie rufen: »Fischer, welche Fahne weht heute?« Der Fischer überlegt sich eine Farbe – zum Beispiel Rot. Die Kinder, die etwas Rotes anhaben, können nun ganz in Ruhe auf die andere Seite gehen, die Kinder, die nichts Rotes an sich haben, müssen rennen und der Fischer versucht, sie zu fangen. Die gefangenen Kinder sind im nächsten Durchgang auf der Seite des Fischers und helfen ihm beim Fangen.

Kaiser, wie viele Schritte darf ich gehen?

Einer ist der Kaiser. Die anderen stehen circa 20 Schritte entfernt und fragen einer nach dem anderen: »Kaiser, wie viele Schritte darf ich gehen?« Der Kaiser denkt sich nun Schritte aus und sagt dann zum Beispiel: »5 Hühnerdapper« oder »3 Riesenschritte« oder »2 Hüpferschritte«. Die Kinder müssen nun erst fragen: »Darf ich?« Und der Kaiser sagt dann: »Ja!« Vergessen sie, nachzufragen, müssen sie an den Anfang zurück. Sonst macht jeder seine Schritte und darf dann an dem Platz stehen bleiben, an dem er angekommen ist. Wer den Kaiser zuerst erreicht hat, hat gewonnen.

Ochs am Berg

Wieder steht ein Kind, der »Ochse«, auf der einen Seite an einem Baumstamm, die anderen circa 20 Schritte entfernt.

Jetzt dreht sich der Ochse mit dem Gesicht zum Baumstamm, er kann die anderen also nicht sehen und ruft: »Ochs am Berg 1, 2, 3!« Dann dreht er sich ruckartig um. Die anderen sind inzwischen in seine Richtung gelaufen und müssen, sobald sich der Ochse umdreht, erstarren. Sieht der Ochse wie sich jemand bewegt, muss derjenige an den Anfang zurück. Wer den Ochsen zuerst erreicht, hat gewonnen.

Und Sonntagabend?

Wie wäre es, einmal mit der ganzen Familie zum Bowling oder zum Billardspielen zu gehen?

Wochenendtagebuch

Könnt ihr euch vorstellen, später einmal Spieleerfinder zu werden? Einer der wenigen Berufe, bei denen man als Erwachsener den ganzen Tag spielen muss. Was für Spiele würdet ihr dann erfinden?

WOCHENENDE NUMMER 36

Sag mal Cheese!

Dieses Wochenende dreht sich alles ums Fotografieren. Also Kamera-Akkus aufgeladen und los geht's.

Fotoshooting

Wer ist Fotograf? Und wer lieber Model? *Family's next Topmodel!* Überlegt euch ein paar Mottos. Wie wollt ihr fotografieren und wo?

Nehmt zum Beispiel das Motto »Zirkusprinzessin« oder soll es ein cooles Foto vor einer Graffitiwand werden? Oder mit einem Huhn auf dem Arm? Mit Luftballons einen Berg hinunterrennen? In einer alten Lagerhalle mit Abendkleid? Als Rotkäppchen im Wald? Mit ganz wilden Haaren und bunt geschminkt? Mit im Wind fliegenden Tüchern? Oder wie für ein Cover einer Modezeitschrift? In einer Parkgarage? Auf einem Feld? Auf Steinstufen? Vor einer alten heruntergekommenen Wand?

Sucht euch verschiedene Outfits zusammen, die zum Motto passen. Holt euch Inspirationen aus Zeitschriften. Reißt Fotos, die euch gefallen, aus ihnen heraus und klebt sie auf ein Plakat. Dann könnt ihr sehen, wie Fotos aufgebaut sind und wie das Licht sein sollte. Vielleicht möchte einer von euch sich lieber als Maskenbildner betätigen, statt vor die Kamera zu gehen. Fotografieren macht Spaß und es gibt auch viele Menschen, die sich gern fotografieren lassen. Probiert einfach so lange herum, bis jeder mit dem Ergebnis zufrieden ist.

Euer Tag

Fotografiert doch mal euren Tag. Im Urlaub fotografiert jeder alles, auch an besonderen Tagen wie Geburtstagen, Taufen, Hochzeiten wird viel fotografiert, aber versucht doch einfach mal, dieses Wochenende festzuhalten. Macht daraus später ein kleines Fotobuch. Wie ein Bilderbuch. »Mein Tag: Aufstehen, Frühstücken, Zähneputzen, Lesen, Musikhören, Ausflug, Hausaufgaben, Kochen, Essen, Spielen …« Oder fotografiert alle Dinge, die euch in eurem Leben wichtig sind. Das könnte jedes Familienmitglied machen, mal sehen, was jeder so fotografiert. Titel dieses Buches könnte sein: »Was mir wichtig ist« oder »Mein Leben«.

Postkarte

Wie wäre es, ein Foto zu machen, das man als Postkarte drucken lässt und fortan zu jeder Gelegenheit verschicken kann. Oder eine Geburtstagsglückwunschkarte. Dazu könnt ihr eine kleine Torte backen und diese mit einer Kerze verzieren. Die Torte in die Mitte, Familie außenherum und wenn es klickt, blast ihr die Kerze aus. Oder blast viele Luftballons auf und legt euch hinein. Fotografiert wird nun von einer Leiter – von oben. Oder haltet ein Schild in der Hand, auf dem »Happy Birthday« steht.

Familienfoto

Zieht euch ganz verrückt an und macht ein verrücktes Familienfoto. Vielleicht könnt ihr euch auch verkleiden wie anno dazumal und dieses Bild später in Sepia ausdrucken, sodass es ganz alt aussieht. Dann kommt es in einen Goldrahmen und fertig ist die Ahnengalerie. Oder ihr schneidet Grimassen. Wer aus der Familie hat die meisten Gesichter? Fotografiert sie alle vor einer neutralen Wand. Aus diesen Fotos kann man ein lustiges Familienplakat machen lassen.

Fotoalbum und Jahresbücher

Dieses Wochenende könnt ihr auch Fotoalben zusammenstellen. Eine schöne Beschäftigung für alle, zum Beispiel an einem verregneten Wochenende. Oder Jahrbücher eurer Familie: Klebt von allen wichtigen Ereignissen des Jahres, wie zum Beispiel Urlaub oder Geburtstag, ein oder zwei Fotos hinein. Dazwischen könnt ihr Zeitungsberichte, selbst gemalte Bilder eurer Kinder, Theatertickets, Flugtickets, Geburtsanzeigen von Freunden oder auch Einladungen kleben. Wenn ihr jedes Jahr ein solches Buch gestaltet, habt ihr bald eure eigene Familienchronik.

Stammbaum

Sucht doch mal von allen Verwandten Fotos heraus und klebt einen Stammbaum. Oder besucht die Verwandten dieses Wochenende und fotografiert alle vor derselben lustigen Tapete. Die Tapete könnt ihr vorher im Baumarkt kaufen und fürs Foto hinter das jeweilige Fotomodell halten – eine Bahn genügt für ein Porträtfoto, da muss man nicht gleich die ganze Wand tapezieren.

Collage

Druckt viele Fotos aus und schneidet die Personen darauf aus. Jetzt malt eine neue Landschaft drumherum. Es sieht auch lustig aus, wenn man nur die Köpfe ausschneidet und den Körper neu dazumalt.

An die Wand

Die besten Fotos des Wochenendes könnt ihr vergrößern und in Rahmen an die Wand hängen. Seht doch mal euer digitales Fotoarchiv durch. Legt einen Ordner mit den besten Fotos an und lasst diese im Fachhandel vergrößern. Seit man digital fotografiert, hat man kaum noch echte Fotos in der Hand. Die wenigsten machen noch Abzüge und so verschwinden die Bilder auf irgendeiner Festplatte.

Oder lasst die schönsten Fotos jedes Familienmitglieds schwarz-weiß entwickeln – und hängt diese an die Wand. Vielleicht macht ihr aus einem Lieblingsfoto auch ein Riesenbild.

Einwegkamera

Besorgt am Freitagabend für jedes Familienmitglied eine Einwegkamera. Jeder darf die 36 Fotos darauf »verschießen«. Dann werden die Filme am Montag zum Entwickeln gebracht. Was da wohl rauskommt? Die Erfahrung, nur 36 Fotos zur Verfügung zu haben, solltet ihr eure Kinder auf jeden Fall machen lassen. Das ist echt spannend. Man wählt wieder ganz genau aus, was man fotografiert. Habt ihr im Freundeskreis jemanden, der sich mit Filmentwicklung auskennt? Könnt ihr bei euch eine Dunkelkammer einrichten und selbst entwickeln? Es ist ein echtes Erlebnis, wenn man sieht, wie die Bilder langsam auf dem Papier erscheinen – wie Magie.

Sonntagabend

Wie wäre es mit einem Diaabend? Mit alten Dias und Diaprojektor? Oder Urlaubsfotos mit einem Beamer an die Wand projizieren. So ein Abend macht riesig Spaß!

Wochenendtagebuch

Klebt euer schönstes Familienfoto ins Buch – vielleicht ist es sogar heute geknipst worden.

WOCHENENDE NUMMER 37

Gute Taten

„Jeden Tag eine gute Tat" – so heißt es doch bei den Pfadfindern. Manchmal muss man lange nach einer guten Tat suchen. Ich hatte als Kind einen Club. Den Club der roten Elefanten. Erst wollten wir Abenteuer bestehen, aber wir fanden kein einziges. Dann wollten wir gute Taten vollbringen und auch das war gar nicht so einfach. Doch schließlich gelang es uns, durch Hundeausführen, Babysitten und den Verkauf von bemalten Steinen an etwas Geld zu kommen (Was sag ich »etwas« – es waren 100 Mark!!), und das spendeten wir dann dem Tierheim.

Startet doch an diesem Wochenende ein »Gute-Taten-Projekt«: Wie viele gute Taten schafft ihr an diesen zwei Tagen? Wie lange haltet ihr es durch, *jeden* Tag eine gute Tat zu vollbringen?

Legt euch ein kleines Heftchen an, in das ihr die guten Taten schreiben könnt. Wer aus der Familie wird der Oberpfadfinder? Wer schafft am meisten gute Taten?

Kauft oder bastelt Buttons zum Anstecken. Jeder, der eine gute Tat vollbracht hat, bekommt einen Button. Wer am Ende die meisten hat, hat gewonnen und bekommt … einen Button!(?)

Nein, nicht irgendeinen Button, den »superduper Button der guten Taten«.

Und was sind nun gute Taten?

* Herzkekse backen und an alle Nachbarn verschenken
* möglichst viele Komplimente verteilen und möglichst viel loben
* für jemanden einkaufen, der alt oder krank ist, oder wenig Zeit hat
* einem älteren Menschen etwas vorlesen
* Brote schmieren und sie Obdachlosen schenken
* mit vielen 50-Cent-Stücken in der Tasche durch die Stadt gehen und sie an Straßenmusiker verteilen (der schlechteste bekommt 1 Euro)
* jemandem die Tür aufhalten
* einem Unbekannten das Auto von Schnee und Eis befreien (das geht am besten im Winter)
* etwas spenden (Geld, Kleidung, Spielzeug)
* etwas verschenken (Kinderkleidung, die den eigenen Kindern zu klein geworden sind)
* über eine Hilfsorganisation eine Patenschaft für ein Kind in der dritten Welt übernehmen und ihm gleich den ersten Brief schreiben
* ein Grab herrichten, um das sich niemand mehr kümmert
* jemanden anrufen, den man schon lange nicht mehr gesprochen hat
* jemandem Blumen schenken
* jemandem etwas basteln, malen, nähen
* Zeit opfern, um jemandem eine Freude zu machen
* jemandem das Auto waschen
* mit jemandem sprechen, mit dem ihr sonst nie sprecht
* ein kleines Spenden-Sparschwein anlegen und immer mal wieder etwas Geld hineinwerfen (zum Beispiel 50 Cent für jedes Schimpfwort)
* zur Blutspende gehen
* Kinder, gründet doch einen Robin-Hood-Club: Schließt euch mit anderen zusammen und vollbringt gute Taten, helft den Armen und Schwachen!

Am Sonntagabend belohnt euch ruhig für die guten Taten, die ihr an diesem Wochenende vollbracht habt. Mit einer Verleihung des »Gute-Taten-Ordens«. Den könnt ihr ganz leicht selbst basteln: einfach einen Kronkorken (von einer Bierflasche oder einer Colaflasche) bekleben oder bemalen, mit einem Klebeband eine Sicherheitsnadel auf der Rückseite anbringen und schon könnt ihr den Orden an eure T-Shirts heften.

Meine Familie und ich haben an unserem Wochenende der guten Taten übrigens unter anderem gelernt, dass so eine gute Tat meist direkt zu einem zurückkommt – wie ein Bumerang. Denn die Teller mit Kuchen, die wir an die Nachbarn verteilten, wurden allesamt frisch gespült und mit neuen kleinen Leckereien darauf zu uns zurückgebracht.

Wochenendtagebuch

Schreibt in euer Wochenendtagebuch, welche guten Taten ihr vollbracht habt und welche ihr in nächster Zeit noch vollbringen wollt. Und was war eigentlich die beste gute Tat, die jemand anderer für euch getan hat?

WOCHENENDE NUMMER 38

Mit ohne Strom

Als Kind fand ich es schon immer spannend, wenn plötzlich alle Lichter ausgingen, mein Plattenspieler verstummte und alles dunkel und still war. Stromausfall! Wie wäre es, ein Wochenende ohne Technik zu verbringen?

Ein paar Geräte dürfen angeschlossen bleiben, zum Beispiel der Kühlschrank und der Herd – wenn ihr es ganz genau nehmt und zufällig einen Garten habt, könnt ihr natürlich auch ein Feuer machen und darüber kochen und grillen. Auch der Anrufbeantworter darf angeschlossen bleiben. Sprecht eine Ansage darauf: »Wir sind erst wieder am Sonntagabend erreichbar.«

Alles andere wird ausgeschaltet: Handys, der Fernseher, der Computer – bleibt alles aus. (Elektrisches) Licht wird nur im Notfall gemacht, ihr könnt überall Laternen mit Kerzen aufstellen. Und da sitzt ihr jetzt im Dunkeln und wisst nicht, was ihr tun könnt?

Wie wäre es mit Verstecken im Dunkeln?

Einem Nachtspaziergang?

Essen im Dunkeln – das wird ein ganz neues Erlebnis für die Sinne.

Sagt mal: Wo kommt der Strom eigentlich her?

Na, aus der Steckdose natürlich. Und wie kommt er in die Steckdose rein? Und kann ich auch selbst Strom erzeugen? Das geht zum Beispiel mit einer Kartoffel.

Ihr braucht:
* eine Kartoffel
* eine circa 5 Zentimeter lange Kreuzschlitzschraube
* ein 5-Cent-Stück
* einen Kopfhörer mit Klinkenanschluss

Und so funktioniert es:
Die Kartoffel halbieren, damit sie besser liegt. In eine Hälfte nebeneinander zwei kleine Schlitze machen und das 5-Cent-Stück und die Schraube hineinstecken – so, dass die beiden »Pole« einander nicht berühren, ihr sie aber mit dem Klinkenanschluss des Kopfhörers gleichzeitig berühren könnt. Setzt nun den Kopfhörer auf und haltet den Klinkenanschluss mit der Spitze an das Geldstück und mit dem hinteren Teil an die Schraube. Jetzt habt ihr den Stromkreis der Kartoffelbatterie geschlossen und müsstet im Kopfhörer ein Knistern hören: Das ist der Strom, den ihr erzeugt habt.

Auch mit einer Zitrone kann man Strom erzeugen.
Dazu braucht ihr:
* eine Zitrone
* eine kleine Glühbirne (3 Volt)
* zwei kurze Kabelstücke (oder Drähte mit Krokodilklemmen, die kann man dann direkt anschließen)
* eine Büroklammer
* eine Reißzwecke (oder Zinknagel oder Kupfernagel)

Wichtig: Die Büroklammer und die Reißzwecke müssen aus unterschiedlichen Metallsorten sein, damit der Strom fließen kann. Also zum Beispiel Kupfer und Eisen.

Und so funktioniert es:
An den beiden Kabelenden ein Stück der Isolierung entfernen. Jetzt seht ihr den blanken Draht. Ein Drahtende wickelt ihr nun um die Büroklammer und eines um den Stift der Reißzwecke. Steckt beides mit etwas Abstand voneinander in die Zitrone und haltet die beiden anderen Kabelenden an die Glühlampe. Ein Ende an die Windungen der Fassung und eines an den Kontaktpunkt unten. Wenn ihr alles richtig gemacht habt, müsste euch nun ein Licht aufgehen.

Abgespült wird dann natürlich mit der Hand und ohne Geschirrspüler. Macht eine Aktion daraus: Hängt Plakate in eurer Straße auf, auf denen »Knipst mit uns das Licht aus!« steht. Und dann stellt Kerzen in die Fenster und guckt mal, ob ein paar der Nachbarn mitmachen.

Stellt euch vor, wie es wäre, wenn es tatsächlich keinen Strom mehr geben würde!

Während ihr so im Dunkeln bei Kerzenschein um den Tisch herum sitzt und Geschichten erzählt, könnt ihr ja auch darüber mal nachdenken: Wie würde euer Tag, euer Leben ganz ohne Strom aussehen? Was wäre noch möglich und was nicht? Was wäre gut an einem Leben ohne Strom? Was schlecht? Was würdet ihr am meisten vermissen?

Inzwischen sind die meisten von uns so an all die Technik um uns herum gewöhnt, dass wir einiges verlernt haben, was für unsere Eltern und Großeltern noch selbstverständlich war. Nehmen wir nur mal Verabredungen. Ob man das heute ohne Handy noch hinbekäme? Wo man sich doch daran gewöhnt hat, nur lose Zeit- und Treffpunkt zu vereinbaren und dann noch mal zu telefonieren? »Wo stehst du denn?« – »Bei der Treppe links.« – »Ach ja, ich kann dich sehen.« Früher mussten wir den Treffpunkt ganz genau ausmachen und versuchen, möglichst pünktlich zu sein, denn wir konnten ja von unterwegs aus nicht anrufen.

Oder Navigationsgeräte: Die Kinder, die jetzt damit aufwachsen, können später vielleicht nicht mal mehr einfache Wege selbst finden und wohl auch keine Karten mehr lesen. Jeder verlässt sich auf sein Navi. Kennen eure Kinder überhaupt noch Telefonzellen? Können sie daraus telefonieren? Können eure Kinder noch einen Namen aus dem Telefonbuch heraussuchen (habt ihr überhaupt noch ein Telefonbuch?) oder einen Begriff im Lexikon nachschlagen? Zeigt es ihnen, man weiß nie, wann der Strom mal ausfällt.

Wochenendtagebuch
Was würdet ihr am meisten vermissen, wenn es keinen Strom mehr gäbe?

Halloween mal anders

WOCHENENDE NUMMER 39

Viele Leute mögen Halloween nicht, weil es ein Brauch ist, der aus Amerika (ursprünglich aus Irland) zu uns herüber geschwappt ist. Ich finde, es ist ein netter Brauch, und ich feiere die Feste gern so, wie sie fallen – man feiert ja in Japan auch Weihnachten. Und wie viele Menschen feiern Weihnachten, obwohl sie gar nicht an Gott glauben?

Ich habe jetzt allerdings mal eine andere Idee, wie man Halloween verbringen kann.

Dieses Wochenende dreht sich alles um den Tod

Wenn ich das jetzt so schreibe, klingt es irgendwie ganz schrecklich. Aber genau das ist die Aufgabe für dieses Wochenende. Dem Tod die Traurigkeit nehmen, sich selbst die Angst davor nehmen. Offen über all das sprechen und erkennen, dass der Tod genauso zum Leben gehört wie die Geburt.

»Warum muss man sterben?«, fragte mich mal meine Tochter. Wir überlegten gemeinsam und dann stellten wir uns vor, wie es wäre, wenn niemand auf der Welt sterben würde, dann hätten wir wohl bald gar keinen Platz mehr. Oder wenn die ersten Menschen auf der Welt die einzigen wären, die hätten leben dürfen. Dann wären wir alle gar nicht da. Und das wäre doch schade.

Ich möchte euch an dieser Stelle ein Buch empfehlen: *Und was kommt dann?* von Pernilla Stalfelt im Moritz Verlag. Vielleicht habt ihr Lust, es euch am Freitag zu kaufen – dann seid ihr gut vorbereitet für alle Fragen, die da vielleicht kommen.

Macht einen Spaziergang über den Friedhof
Liegt hier ein Verstorbener, den ihr kennt? Besucht ihn und erzählt von ihm, wenn ihr an seinem Grab steht. Lest die Inschriften anderer Grabsteine und denkt euch Geschichten zu den Namen aus. Gibt es ein Grab, das ganz verwahrlost aussieht? Kauft Pflanzen, nehmt Schaufeln mit und richtet es schön her.
    Wie stellt ihr euch euer Grab einmal vor? Was soll auf eurem Grabstein stehen? Welchen Grabstein hättet ihr gern? Und welches Lied soll gespielt werden?

Sprecht mit den Kindern über die verschiedenen Glaubensrichtungen
Wer glaubt an was? Was ist nach dem Tod? Gibt es Engel? Und wenn man an gar nichts glaubt? Besucht Gott in der Kirche und erzählt ihm etwas. Zündet in der Kirche eine Kerze für eure Familie an. Singt Gott in einer leeren Kirche ein Lied vor. Geht in eine Moschee oder in eine Synagoge. Sucht einen magischen Ort: unter einem Baum? In einem Steinkreis? Malt zu Hause Engelsbilder und hängt sie auf. Gestaltet eine Kerze, die immer dann brennt, wenn es jemandem schlecht geht (dafür am Freitag schon eine weiße Kerze und Wachsplatten besorgen). Der Tod sollte kein Tabuthema sein. Zeigt euren Kindern, dass man über alles sprechen kann und an alles glauben, was man möchte.

Wochenendtagebuch
Wenn ihr wiedergeboren werden würdet, als welches Tier würdet ihr zurückkommen wollen? Wem würdet ihr im Himmel gern begegnen?

WOCHENENDE NUMMER 40

Winter

Kennt ihr das auch, jeder redet von der stillen und ruhigen Zeit um Weihnachten und euch erscheint sie viel hektischer als jeder andere Monat? Und ist dann Weihnachten da, ist man völlig kaputt und es fallen einem so viele Dinge ein, die eigentlich zur Weihnachtszeit dazu gehören und für die kein Platz im Terminkalender war. Aber das muss nicht sein. Dieses Wochenende werden wir den Winter und die Weihnachtszeit genießen. Alles andere muss warten. Hier kommt die Winterweihnachtsliste. Schreibt sie ab, hängt sie an den Kühlschrank und arbeitet euch Stück für Stück von oben nach unten durch.

Einen Schneemann bauen

Falls es am Schnee mangelt, könnt ihr auch einen Schneemann auf ein großes Papier malen oder aus drei Styroporkugeln einen Schneemann basteln und ihn ans Fenster stellen.

Schlittschuh fahren

Wenn es kalt genug ist und die Seen und Flüsse zugefroren sind, ist es da natürlich am schönsten. Aber auch auf einer künstlichen Eisbahn macht das Fahren großen Spaß. Warmen Tee nicht vergessen.

Plätzchen backen

Da duftet das Haus gleich nach Weihnachten. Ihr könnt auch ein paar Kekse noch warm an Nachbarn verteilen.

Ein Weihnachtslied singen

Mindestens eines. Das kann man auch während des Backens. Vielleicht habt ihr auch eine schöne CD mit Weihnachtsmusik, die den ganzen Tag laufen kann. Und ihr singt natürlich aus vollem Halse mit!

Die Wohnung schmücken

Falls das noch nicht geschehen ist. Kerzen, Tannenzweige, Kugeln und einen schönen Tannenkranz an die Tür. Bei mir zu Hause ist immer alles geschmückt. Wo man hinguckt – alles ist weihnachtlich. Ich liebe Weihnachten.

Sich die Hände an einem Punsch wärmen

Und gleich noch einen Kinderpunsch für die Kleinen. Ein Dezember ohne Punsch ist schließlich kein Dezember.

Eine Weihnachtsgeschichte vorlesen

Bei uns werden die Bilderbücher mit den Weihnachtsgeschichten immer erst Anfang Dezember herausgeholt. Unter dem Jahr liegen sie ganz oben ganz hinten im großen Bücherregal. In der Weihnachtszeit legen wir sie dann heraus, sodass wir jederzeit in ihnen lesen können. Und bei euch? Vielleicht richtet ihr euch ja eine gemütliche Vorleseecke ein. Mit Kissen und Lichterkette.

Bratapfel essen

Kerngehäuse aus dem Apfel schneiden, den Apfel mit allem füllen, was man mag, wie zum Beispiel: Marzipan, Nüsse, Rosinen, Schokolade – oben drauf ein Flöckchen Butter. Bei 160 Grad so lange im Ofen backen, bis der Apfel aufspringt. Man kann Bratäpfel auch mit Vanilleeis oder Vanillesoße essen. Herrlich.

Einen Weihnachtsfilm ansehen

Mein Liebling: *Drei Haselnüsse für Aschenbrödel!* Doch auch all die anderen Märchenfilme sind schön. Ich liebe auch: *Das Wunder von Manhattan, Der kleine Lord, Kevin allein zu Haus* ...

Na, was sagt ihr? Das ist doch überschaubar. Und sicher an einem Wochenende zu schaffen. Wenn es in Stress ausartet, dann hängt doch das nächste Wochenende noch mit dran. Und das nächste und das nächste und dann – ist Weihnachten auch schon da! Und ihr habt vier wundervolle Weihnachtswochenenden erlebt.

Wochenendtagebuch
Malt eine kleine Schneemannfamilie ins Buch, die an eure eigene Familie erinnert.

So ein Theater!

WOCHENENDE NUMMER 41

Vorhang auf! Applaus, Applaus! Dieses Wochenende spielen wir Theater. Vielleicht könnt ihr am Freitag- oder Samstagabend ein richtiges Theater gemeinsam besuchen. Guckt doch mal nach, was in den nahe liegenden Theatern so läuft. Und ob die Stücke für die Kinder schon geeignet sind. Oder gibt es ein Kindertheater? Das wäre natürlich perfekt. Auch ein Musical oder eine Komödie wären toll.

Ab in die Schauspielschule

Auf jeden Fall könnt ihr dieses Wochenende auch selbst Schauspieler werden. Dazu könnt ihr eure eigene kleine Schauspielschule eröffnen. Hier kommen ein paar Übungen, die ihr gemeinsam machen könnt:

* Eine gute Übung für die Sprache und dafür, dass die Stimme da sitzt, wo sie sitzen soll, ist das Blasen mit den Lippen und zwar so, wie Pferde das machen. Das kann man auch mit einem Ton, den man hoch anfängt und tief enden lässt. Wenn man es richtig macht, kitzelt es in der Nase.
* Um richtig aufzuwachen und voll da zu sein, stellt euch in einen kleinen Kreis. Nun wirft einer ein »Ha« zu einem anderen, der fängt es auf und wirft es zum Nächsten und so weiter. Ihr könnt laute Has werfen und leise, schnelle und langsame. Und dementsprechend soll sie der andere auch auffangen. Bewegt euch dabei, als würdet ihr einen Ball werfen und fangen.

* Jetzt geht durch das Zimmer. Erst wie ihr selbst. Dann wie die Mama, der Papa, der Opa, das Baby, wie die Nachbarin und so weiter. Geht stolz, traurig, mutig, fröhlich. Geht, als würde es regnen oder als würde es stürmen und jetzt als würde die Sonne scheinen. Achtung: Jetzt hat jeder einen Kaugummi an der Schuhsohle kleben ... und jetzt führt ihr einen Hund Gassi.
* Kennt ihr das Lied *Hänschen klein*? Setzt euch in einen Kreis und versucht, nacheinander dieses Lied zu sprechen. Erst ganz normal. Dann mit völlig anderen Betonungen. Jetzt flüstert ihr es, dann leiert ihr es herunter. Könnt ihr einen Akzent oder einen Dialekt? Dann hört mal, wie *Hänschen klein* jetzt klingt. Sprecht vornehm, adlig, wie eine Hexe, wie ein Kind, wie ein Mann, wie eine kleine Maus oder wie ein dicker Bär. Und wie hört es sich an, wenn ihr beschwipst tut? Oder wenn ihr euch in einen Roboter verwandelt?
* Nun holt euch ein Lieblingsbuch. Jeder darf jetzt mal eine Passage vorlesen. Achtet darauf, schön betont zu lesen und den Text nicht herunterzuleiern. Außerdem könnt ihr versuchen, die wörtlichen Reden als kleine Szenen darzustellen.

Und nun seid ihr bereit für ein richtiges Theaterstück

Was darf es denn sein? Ein Klassiker? Ein Märchen? Wollt ihr selbst die Schauspieler sein oder wird es ein Puppenstück? Wie wäre es mit einem Schattentheaterstück? Oder bastelt euch aus Kochlöffeln ein Kochlöffeltheater. Dazu braucht ihr viele Kochlöffel. Die Kochlöffel bekommen nun Gesichter und Hüte und kleine Kostüme. Ihr könnt euch auch einfache Handpuppen nähen. Oder kompliziertere Marionetten.

Fingerpuppentheater

Bastelt doch dieses Wochenende ein Fingerpuppentheater. So ein Fingerpuppentheater kann man immer gut gebrauchen. Auch wenn die Kinder mal krank sind, kann das kleine Theater viel Freude machen.
Und so geht es:
* Ihr braucht ein Kistchen oder Köfferchen (in dem später die Fingerpuppen aufbewahrt werden). Das Kistchen könnte schön bemalt, das Köfferchen mit schönem Stoff ausgekleidet werden.

> ### Theaterspielen macht Spaß
> Jeder kann Theater spielen. Ich hatte schon einige Kindertheatergruppen und auch schon Elterntheatergruppen und jedes Mal war ich ganz gerührt, wie die unterschiedlichsten Menschen beim Theaterspielen über sich hinauswachsen und wie stolz jeder auf sich ist, wenn er seine Aufregung überwunden hat und schließlich seinen Schlussapplaus genießt. Das ist stark und macht stark!

* Außerdem braucht ihr noch Filz oder Stoff für die Puppen. Wenn ihr Filz nehmt, könnt ihr die zwei Teile des Puppenkörpers zusammenkleben. Also am Rand entlang, sodass ihr mit den Fingern noch gut hineinkommt. Bastelt oder näht erst mal einige Grundpuppenkörper – am besten eine ganz einfache Form, wie der Umriss eines Handschuhfingers, nur etwas breiter und größer.
* Dann könnt ihr damit beginnen, die einzelnen Figuren herauszuarbeiten. Da bekommt dann der König eine Krone, der Kasperl eine Kasperlmütze, der Bär runde Bärenohren und die Liesel Zöpfe aus Wolle. Gesichter könnt ihr aus Filz aufkleben, mit Garn aufsticken oder mit einem Filzstift aufmalen.
* Ihr könnt auch einen alten Handschuh nehmen und die Figuren auf die Finger nähen.
* Oder ihr malt mit Schminke die Figuren direkt auf eure Finger.

Nun noch ein paar Kulissen und Requisiten gemalt und gebastelt und es kann losgehen. Wenn ihr euch ein eigenes Stück ausdenken wollt, schreibt euch doch Dialoge auf. Wenn die Handlung allen klar ist, kann selbstverständlich auch improvisiert werden.

Und um was geht es in eurem Stück?

Vielleicht habt ihr viele kleine Außerirdische-Fingerpuppen gebastelt und im Stück geht es darum, wie sie in einem Ufo auf die Erde kommen und die Liesel entführen. Aber am Ende geht alles gut aus, denn die Liesel freundet sich mit Holger, dem kleinen grünen Männchen, an. Und sie werden die besten Freunde. So könnte die Handlung aussehen. So oder auch ganz anders – alles ist möglich!

Am Sonntagabend ist vielleicht die Premiere eures Stücks. Habt ihr daran gedacht, Plakate zu malen und Eintrittskarten zu basteln? Und Onkel Gustav einzuladen? Oder sitzen auf den Stühlen alle Stofftiere der Kinder als Zuschauer? Na dann – Vorhang auf!

Wochenendtagebuch
Denkt euch Künstlernamen für jeden von euch aus!

WOCHENENDE NUMMER 42

Das große Vorlesen

Dieses Wochenende beginnt mit einem Besuch in der Buchhandlung. Geht in die kleinste oder die größte Buchhandlung oder aber in die freundlichste (Letztere sind mir immer am allerliebsten). Und dann geht's los: Jeder darf sich ein Buch aussuchen. Jetzt wird gestöbert und geschwelgt – alle stecken ihre Nasen in Bücher. Und wenn jeder ein Buch hat, gibt es auch noch ein Gemeinschaftsbuch. Zum Vorlesen.

Zu Hause darf natürlich jeder in sein eigenes Buch versinken. Aber erst wenn überall gemütliche Leseinseln entstanden sind. Leseinseln können Kissenberge, Matratzenlager, Sitzsäcke, Liegestühle im Garten (oder in der Wohnung), Hängematten im Garten (oder in der Wohnung) oder einfach nur das größte Bett im Hause sein. Nun kann endlich losgelesen werden.

Zwischendurch gibt es kleine Knabbereien. Oder einen Obstteller. Ihr könnt auch alle Kinderbücher aus dem Regal holen, die ihr schon lange nicht mehr gelesen beziehungsweise angesehen habt.

Erzählt euren Kindern, welches euer Lieblingsbuch war, als ihr klein wart.

Wenn ihr dieses Wochenende im Sommer durchführt, könnt ihr auch ein Lesezelt im Garten aufschlagen oder ein Sofa in den Garten stellen oder eine Matratze mit vielen Kissen auf die Wiese legen.

Im Lesezelt kann dann mit Taschenlampe eine Lesenacht veranstaltet werden. Apropos Lesenacht – habt ihr nicht Lust, auch noch

andere Kinder oder sogar Familien zu eurer Lesenacht einzuladen?
Jeder bringt sein Lieblingsbuch mit und liest daraus ein Kapitel vor.
Und dann können auch Geschichten erzählt werden. Kleine Gruselgeschichten vielleicht? Lesen ist einfach was Wunderbares.

Und was tun mit Lesemuffeln?

Wie wäre es mit einem Comic oder einem Comicroman, die gibt es gerade wie Sand am Meer. Lest gemeinsam ein Buch, einer liest die langen Erzähltexte und der andere die wörtlichen Reden. Vielleicht liest jeder abwechselnd eine Seite vor. So kann man sich zwischendrin auch wieder ausruhen.

Die Leseschlange

Malt eine Schlange mit Karomuster auf ein Papier. Jedes Mal, wenn euer Kind zehn Minuten vorgelesen hat, darf es ein Karo der Leseschlange ausmalen. Ist die Schlange ganz bunt ausgemalt, bekommt das Kind zur Belohnung - na? Was wohl? Ein neues Buch!

Was beim Vorlesen wichtig ist

Um ein guter Vorleser zu werden, müsst ihr ein paar Dinge beachten:
* eine gemütliche und ruhige Atmosphäre schaffen
* nicht zu schnell lesen
* an den richtigen Stellen betonen
* wörtliche Reden mit verschiedenen Stimmen, passend zu den verschiedenen Rollen lesen
* die Stimme mal leiser, mal lauter werden lassen
* wenn es unheimlich wird, auch unheimlicher sprechen

Wenn man so mittendrin ist in einem spannenden Buch, ist es schön, sich noch auf andere Art mit dem Inhalt auseinanderzusetzen.
* nach dem Vorlesen über das Gehörte sprechen: Wie würdest du handeln, wenn du an der Stelle des Helden wärst? Wie, denkst du, geht es weiter?
* Bilder zur Geschichte malen

★ Figuren malen und ausschneiden, dann könnt ihr die Geschichte auch nachspielen (vielleicht habt ihr auch die Möglichkeit, die Figuren laminieren zu lassen, dann gehen sie nicht so schnell kaputt)

Hörbuch

Vielleicht habt ihr die Möglichkeit, ein eigenes Hörbuch aufzunehmen. Lest ein Lieblingsbuch in verteilten Rollen oder jeder liest ein Kapitel. Ihr könnt das Hörbuch zum Beispiel zu Geburtstagen verschenken – und es euch natürlich auch noch einmal selbst anhören, vielleicht auf der nächsten langen Autofahrt?

Wochenendtagebuch

Welches ist euer Lieblingsbuch? Schreibt doch eine kleine eigene Geschichte, die mit den Worten beginnt: »Es war einmal ein Haus voller Bücher ...«

WOCHENENDE NUMMER 43

Jeder für sich

Ab und zu braucht man auch mal Zeit für sich selbst. Jetzt haben wir so viele Wochenenden gemeinsam verbracht, da darf dann auch mal ein Wochenende so aussehen: Die Kinder übernachten bei Oma und Opa oder bei Freunden. Die Mama besucht eine Freundin in Buxtehude. Der Papa macht mit einem Freund eine Radtour mit Weinprobe. So oder anders – natürlich.

Wenn es keine Omas und Opas in der Nähe gibt: Wie wäre es, an einem der anderen Wochenende die Kinder der Nachbarn noch dazuzunehmen? Mit der ganzen Kinderschar eine Pyjamaparty mit Nachtspaziergang und ein großes Frühstück am nächsten Morgen veranstalten? Zum Austausch nehmen die Nachbarn jetzt eure Kinder (Juhu und Jippih) und ihr habt das Wochenende ganz für euch.

Und jetzt, liebe Eltern, nutzt dieses Wochenende richtig aus!

Nein, ihr sollt nicht schnell, schnell die Wände streichen und auch nicht die Wohnung putzen und auch nicht den Rasen mähen. Nicht alles Liegengebliebene erledigen.

Macht etwas Schönes! Wann habt ihr wieder die Gelegenheit, unter euch zu sein, allein oder zu zweit?

Geht frühstücken in einem Café. Fahrt in die Natur. Nehmt euch irgendwo ein schönes Wellnesshotel. Fahrt in eine andere Stadt. Kauft euch was Schönes und wählt ganz lange aus – belohnt euch für euer Elterndasein. Igelt euch zu Hause ein und macht es euch gemütlich. Nehmt gemeinsam ein Bad. Lest euch etwas vor. Zündet Kerzen an. Hört Musik. Ladet Freunde zum Abendessen ein. Bestellt beim Chinesen. Geht aus und bleibt ganz lange weg. Schlaft aus und – verliebt euch neu ineinander.

Am Sonntagabend könnt ihr eure Kinder wieder einsammeln und beim Abendessen erzählen dann alle, was sie so erlebt haben. So ganz für sich.

Wochenendtagebuch

Wenn ihr auf eine einsame Insel ziehen müsstet, was würdet ihr mitnehmen?

WOCHENENDE NUMMER 44

Legobautage

Vorbereitung: Vor diesem Wochenende schaut doch mal bei eBay vorbei. Ich lese da gerade: *200 Basic-Legosteine für 11,99* oder *1 kg, ca. 700 Teile, für 16,90*. Außerdem gibt es Grundplatten und kleine Platten und Fenster und Türen.
Schlagt richtig zu und holt euch einen riesigen Vorrat an Legosteinen. Wenn ihr sie nach diesem Wochenende nicht mehr wollt, könnt ihr sie jederzeit wieder verkaufen. Es lohnt sich. Dann könnt ihr nämlich beim Bauen aus dem Vollen schöpfen.

Achtung, Baustelle
Um richtig toll bauen zu können, muss erst mal alles andere Spielzeug aufgeräumt sein. Das Wochenende könnte also mit einem gemeinsamen Kinderzimmeraufräumen beginnen. Sind die Kinderzimmer sehr klein, darf vielleicht auch im Wohnzimmer gebaut werden. Oder bei schönem Wetter draußen im Garten? Und was wird nun gebaut?
Baut doch mal ...
* eure Wohnung oder euer Haus
* eine Stadt
* einen großen Menschen
* einen riesigen Zoo
* einen Stuhl, auf dem man tatsächlich sitzen kann

* etwas Rotes, etwas Gelbes, etwas Grünes ...
* einen SpongeBob
* verrückte Autos
* ein Labyrinth
* einen Hut oder eine Brille
* einen Zirkus oder ein Fußballstadion
* verrückte Erfindungen
* das größte und höchste Legohaus, das die Welt je gesehen hat

Und wenn alle Steine verbaut sind, öffnet das Legoland seine Tore!

Schon gewusst?

Der bisher welthöchste Legoturm wurde 2012 in Tschechien gebaut. Er besteht aus 450.000 Steinen und ist 32,5 Meter hoch. Dieser Rekord kann natürlich jederzeit gebrochen werden – aus wie vielen Steinen wohl der nächste Rekordturm besteht?

Das längste Legobauwerk wurde 2005 in Italien gebaut. Es besteht aus fast 3 Millionen Steinen und ist 1.578,8 Meter lang.

Und dann gibt es noch ein bewohnbares Legohaus, das hat sogar eine Toilette und ein Badezimmer. Der Traum aller Kinder: einmal in einem echten Legohaus wohnen.

Wochenendtagebuch

Wie hoch war euer höchster Legoturm an diesem Wochenende? Wer ist der beste Legobauer eurer Familie?

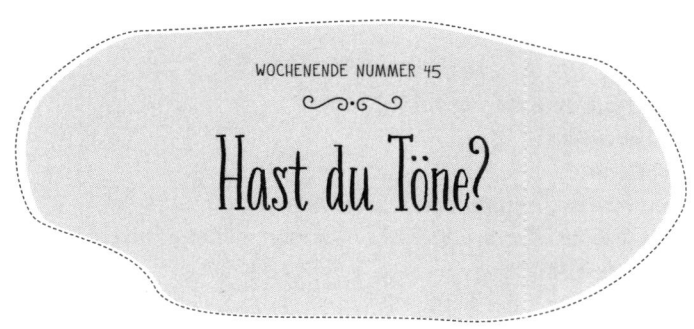

WOCHENENDE NUMMER 45

Hast du Töne?

Wart ihr mit euren Kindern schon mal bei einem Klassikkonzert oder auf einem Rockkonzert? Oder in einer Oper? Nein? Dann wird es aber Zeit. Denn dieses Wochenende dreht sich alles um die Musik.

Ein Instrument lernen

Versucht doch mal, an diesen zwei Tagen ein Stück auf einem neuen Instrument zu lernen. Unmöglich, sagt ihr? Ich sage: Nichts ist unmöglich.

Eine Ukulele gibt es im Musikgeschäft schon für circa 20 Euro. Für alle, die es nicht wissen, das ist eine kleine Gitarre mit vier Saiten. Sie spielt sich aber ganz anders als eine Gitarre. Und sie klingt auch anders. Viel heller. Es gibt kleine Heftchen dazu, in denen ganz übersichtlich und relativ einfach erklärt wird, wie man dieses Instrument spielt. Oder gebt bei YouTube »Ukulele lernen« als Suchwort ein. Da finden sich viele Videos.

Es muss nicht die Ukulele sein. Geht einfach in ein Musikgeschäft und stöbert herum. Vielleicht sagt euch ein anderes Instrument mehr zu. Vielleicht eine Okarina. Die gibt es ab 15 Euro.

Es geht einfach darum, sich selbst zu beweisen, dass man etwas lernen kann und zwar in kurzer Zeit. Ihr werdet sehen, es macht großen Spaß.

Instrumente basteln

Zum Beispiel eine Karottenflöte.
Dazu braucht ihr:
* eine Karotte
* einen Akkuschrauber mit schmalem Bohreinsatz
* 2 Rundhölzer, 2 cm und 7 cm lang, mit selbem Durchmesser wie der Bohreinsatz
* Schnitzmesser oder Feile

Und so geht es:
1. Bohrt mithilfe des Akkuschraubers längs eine Röhre in die Karotte – also vom Blattansatz bis zur Spitze.
2. Schnitzt nun mit einem Messer eine Flötenkerbe ins obere Ende der Karotte.
3. Flacht das 2 Zentimeter lange Rundholz etwas ab, damit es einen Windkanal in der Karotte gibt. Steckt das Rundholz in das Mundende der Karotte.
4. Das andere Rundholz wird nun unten in die Karotte gesteckt. Wenn ihr jetzt in die Karotte hineinblast und dabei das untere Holz hin- und herzieht, müsstet ihr Töne erzeugen können.

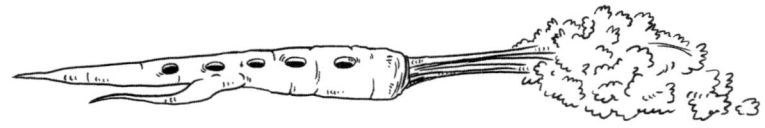

* Oder ihr baut Trommeln aus Tontöpfen, die ihr mit Butterbrotpapier bespannt (am besten in mehreren Schichten: mit Tapetenkleister über die Ränder kleben und auch die Schichten selbst mit Kleister zusammenkleben). Der Tontopf kann nun noch bemalt oder mit einem schönen Band verziert werden. Sobald er getrocknet ist, könnt ihr mit dem Trommeln beginnen.
* Auch Rasseln lassen sich leicht selbst herstellen. Füllt Reis oder Bohnen in Becher und verschließt diese mit Klebeband. Oder füllt in einen aufgeblasenen Luftballon Reis oder Erbsen, ummantelt den Ballon mit Pappmaschee und lasst ihn trocknen – schon habt ihr eine tolle Luftballonrassel.

* Spannt über einen Pappkarton ein paar Gummis. Schon könnt ihr daran zupfen.
* Auch eine Papprolle lässt sich zu einem Regenrohr (oder auch: Regenmacher) umbauen. Mit Reis füllen, unten und oben verschließen, noch schön bekleben oder bemalen und schon ist das Regenrohr fertig.
* Habt ihr schon mal auf einem Kamm geblasen? Das geht so: Butterbrotpapier über den Kamm legen, die Lippen leicht an die Zinken des Kamms legen und blasen. Man muss ein wenig ausprobieren, wie fest oder in welchem Winkel. Dann klappt es.
* Auch auf Flaschen kann man Musik machen. Je nachdem wie viel Wasser in den Flaschen ist, verändert sich der Ton, wenn man hineinbläst.
* Oder stellt euch doch eine Glasorgel zusammen. Weingläser (mit dünnem Rand) mit unterschiedlich viel Wasser füllen, Zeigefinger ins Wasser tauchen und so lange am Glasrand herumfahren, bis ein Ton erklingt.

Singstar oder Karaoke

Habt ihr im Bekanntenkreis jemanden, der eine PlayStation mit Sing Star hat, die ihr euch ausleihen könnt? Dann ist dies das perfekte Wochenende, um einen Singstar-Wettbewerb zu veranstalten.

Singwettbewerb

Wer aus eurer Familie kann den höchsten Ton singen? Wer den tiefsten? Summt den anderen Lieder vor, die sie erraten müssen. Frei nach dem Motto: Erkennen Sie die Melodie?

Plattenspieler

Und finden sich auf eurem Speicher vielleicht noch ein alter Plattenspieler und ein paar Platten oder sogar ein Grammofon? Dann nichts wie her damit. Das finden eure Kinder sicher spannend. Und vielleicht hält der Plattenspieler ja wieder auf Dauer Einzug in eurem Wohnzimmer.

Hausmusik

Wenn ihr schon Instrumente spielt in eurer Familie, dann versucht doch mal, ein Stück gemeinsam zu spielen. Gebt ein kleines Konzert nur für euch, in dem jeder ein Stück zum Besten gibt.

Tanzen

Tanzt doch einfach durchs Zimmer. Oder habt ihr Großen früher im Tanzunterricht Tango, Foxtrott oder Cha-cha-cha gelernt? Dann zeigt mal, was ihr könnt.

Einen Song schreiben

Vielleicht habt ihr auch Lust, einen Song zu schreiben. Einen Blues vielleicht, in dem ihr mal so richtig rauslassen könnt, was euch im Leben stört? Oder ein Liebeslied? Habt ihr ein Aufnahmegerät, mit dem ihr euren Song für die Ewigkeit festhalten könnt?

Lieder übersetzen

So englisch gesungene Lieder klingen doch eigentlich immer super. Aber wenn man mal genau hinhört und eins zu eins übersetzt, fällt einem auf, dass die Texte oft nicht sehr anspruchsvoll sind. Und manchmal zum Schreien komisch. »Singt« doch einfach mal ein englisches Lied auf Deutsch – Wort für Wort übersetzt. Ein großer Spaß.

Verschiedene Musikstile

Hört mit euren Kindern mal unterschiedliche Musikstile an: Jazz, Klassik, Musical, Rock, Pop, Volksmusik, Schlager, Blues, Kirchenmusik, Folk, Country, Hip-Hop, Rap, Metal, Punk, Techno ... Was gefällt den Kindern am besten? Was den Erwachsenen? Hört euch gemeinsam eine CD oder Schallplatte aus eurer Jugend an. Gefällt euch die Musik immer noch? Habt ihr einen Song, der euch an alte Zeiten erinnert? Welcher Song lässt welche Erinnerung wach werden?

Sonntagabend heißt es dann Dirigieren!

Erst darf jeder mit einem Sushistäbchen oder einem Stift in der Hand ein Lied eines Konzertes auf einer CD dirigieren. Dann werden die Kinder ins Bett dirigiert. Vielleicht gibt es noch ein Gutenachtlied, begleitet von dem neu erlernten Instrument. Und dann gehen auch im Konzertsaal die Lichter aus.

Wochenendtagebuch

Wenn ihr einen Song geschrieben habt, schreibt den Text ins Buch.

WOCHENENDE NUMMER 46

Gar nichts tun

Dieses Wochenende ist Nichtstun angesagt. Nicht das kleinste bisschen. Aber geht das überhaupt? Kann man denn *gar nichts* tun? Selbst wenn man nur vor sich hin starrt, tut man doch schon wieder etwas: Man starrt vor sich hin. Ich würde es aber trotzdem gerade noch so als Nichtstun gelten lassen. Ebenso wie:
* auf einer Bank sitzen und die Leute beobachten, die vorbeigehen
* auf dem Sofa sitzen und schweigen
* aus dem Fenster sehen (gemütlich auf ein Kissen gelehnt), die Welt beobachten, dem Leben zusehen

Das Nichtstun stirbt aus.
Wollen wir es nicht retten?

Ist euch auch schon aufgefallen, dass man immer weniger »nichts tut«? Wenn Jugendliche auf der Straße unterwegs sind, haben sie meistens einen Kopfhörer auf oder Ohrstöpsel in den Ohren und hören Musik. Andere telefonieren überall: wenn sie von A nach B laufen, wenn sie mit ihren Kindern auf dem Spielplatz sitzen, in der Warteschlange beim Metzger; und wenn man an einer Bushaltestelle auf den Bus wartet, gibt es kaum noch jemanden, der einfach nur wartet. Da spielt der eine ein Spiel auf seinem iPod, der Nächste schreibt eine SMS. Ich hab mich neulich gefragt, was aus all diesen Gehirnen wird, die nie Leerlauf haben. Die immer berieselt werden.

Wo bleibt da noch Raum fürs Denken? Wo Platz für Ideen? Ich finde es herrlich, im Bus zu sitzen und aus dem Fenster zu starren oder die Menschen anzusehen und mir Gedanken über sie zu machen. Was sie wohl beruflich machen? Ob sie glücklich oder unglücklich sind? Ich höre auch gern zu, wie Eltern mit ihren Kindern sprechen, oder riskiere einen Blick in die Zeitung meines Sitznachbarn. Worte klauen ist herrlich. Und ganz umsonst. Wie oft am Tag darf also euer Gehirn einfach so vor sich hin denken? Die Gedanken ziehen lassen? Kreisen?

Vielleicht küsst einen die Muse nur dann, wenn man sich Zeit für sie nimmt und eben einfach mal nichts tut. Seid euren Kindern ein gutes Vorbild und macht einfach mal nichts! Und vor allem: Wenn ihr was macht, dann macht nur das und nicht immer noch etwas anderes nebenher. Wenn ihr telefoniert, dann telefoniert einfach, ohne nebenbei die Spülmaschine auszuräumen. Wenn ihr eure Zähne putzt, putzt nur eure Zähne und wischt nicht nebenbei noch das Waschbecken blank. (Mich selbst will ich gar nicht ausnehmen, denn auch ich bin hin und wieder ein Mensch mit vier Händen, die alle gleichzeitig in Bewegung sind.) Tut an diesem Wochenende alles ganz bewusst. Jeden Handgriff, jede Handlung. Das ist nicht einfach, aber man kann es lernen, indem man ganz viel »nichts tun« übt.

Langweilt euch doch mal!

Und wie ist denn das mit der Langeweile? Langeweile ist eine Lustlosigkeit. Man hat kein Interesse und keinen Elan für irgendetwas. Es ist nicht so, dass man nichts zu tun hätte, man hat eben nur keine Lust. Da kann man dann als Mama mit einer ewig langen Liste kommen: Spiel doch mal wieder mit den Gummitieren, lies ein Buch, hör eine Kassette an ... Nützt alles nichts. Aus einer Langeweile muss man ganz von selbst wieder herauskommen.

Wo kommt die Langeweile eigentlich her? Und wo geht sie dann plötzlich wieder hin?

Ist Langeweile ein schönes oder ein scheußliches Gefühl?

Viele behaupten, aus Langeweile entsteht etwas Neues. Vielleicht ist es wirklich so, als würde man über einer Idee brüten, die wie ein Küken aus dem Ei schlüpft.

> *Manche Menschen tun nichts – aber sie tun es auf eine faszinierende Weise*
> Curzio Malaparte
>
> *Verschiebe nichts auf morgen, was genauso gut auf übermorgen verschoben werden kann*
> Mark Twain

Denkt mal an nichts!

Hui, das ist echt schwer. Das ist ja fast wie der Satz: Denk mal nicht an ein rosa Schweinchen! Das geht ja gar nicht. Nichts denken muss gelernt sein. Eine hohe Kunst.

Mandala

Wenn es euch schwerfällt zu entspannen, könnt ihr auf ein großes Papier eine liegende Acht malen. Fahrt mit verschiedenen Stiften immer wieder die Linien der Acht entlang. Das beruhigt und sammelt die Gedanken. Oder legt mit Steinen eine Spirale. Ihr könnt auch ein Mandala aus Bohnen, Erbsen, Linsen und all solchen Dingen legen. Dazu nehmt ihr ein Tablett und legt einen Stoff darauf – am besten Filz. Füllt die verschiedenen Hülsenfrüchte in Schüsselchen und los geht es. Legt als Erstes einen Kreis als Begrenzung und teilt ihn in Tortenstücke. Nun können die Tortenstücke kunstvoll mit Erbsen und Bohnen ausgefüllt werden. So ein Mandala kann man aber auch malen oder mit Steinen und Zapfen und Kastanien legen.

Lasst euch dieses Wochenende einfach treiben

Ohne Uhr, ohne Termin. Schlagt die Zeit tot, hängt rum, betreibt Müßiggang, chillt, habt Langeweile, macht Pause vom Machen, starrt Löcher in die Luft! Nein, ihr verliert dadurch keine Zeit, ihr gewinnt etwas Neues dazu. Und wenn eure Kinder zu euch kommen und sagen: »Mir ist soooo langweilig«, dann bietet ihnen nicht gleich einen ganzen Beschäftigungskatalog an, sondern sagte einfach mal: »Dann setzt euch jetzt gemütlich hin und langweilt euch und wartet, bis die Langeweile vorüber ist.«

Vielleicht denkt ihr jetzt: Da hat die Autorin einfach keine Einfälle gehabt und uns das Nichtstun vorgeschlagen – aber liebe Leute, so ist es mitnichten. Denn stellt euch vor, ich hätte dieses Wochenende nicht an dieser Stelle in mein Buch geschrieben, ihr würdet dieses Wochenende wieder alles erledigen, was liegen geblieben ist, noch schnell Tante Liesbet anrufen, durch die Wohnung rennen und aufräumen, SMS schreiben und lesen und keinen Gedanken an euer armes Gehirn verschwenden! Ich wünsche euch also ganz viel Spaß bei diesem Wochenende.

Wochenendtagebuch

Ins Wochenendtagebuch schreibt ihr am Sonntagabend – na? Nichts natürlich.

WOCHENENDE NUMMER 47

Briefe schreiben

Wird es in 20 Jahren noch Briefkästen geben? Wird es noch Postboten geben, die von Haus zu Haus gehen und Briefe einwerfen? Und vor allem: Wird es noch Briefe geben? Ich spreche jetzt nicht von Rechnungen, Mahnungen, Werbesendungen. Ich meine den wirklichen Brief. Geschrieben von Hand, mit Adresse, Absender und Briefmarke. Und vor allem: mit Inhalt!

Es gibt einfach so ein paar Dinge im Leben, die sollten wir pflegen und an unsere Kinder weitergeben.

Liste der zu rettenden und gefährdeten Dinge

- ★ Briefe
- ★ Handschrift
- ★ Telefonbücher
- ★ Telefone mit Schnur und Wählscheibe
- ★ Telefonzellen
- ★ alte Trambahnen
- ★ Musikkassetten

* Platten
* alle möglichen Worte (unbedingt Liste anfertigen und diese Worte so oft es geht benutzen)
* Fotos, die entwickelt werden
* Lexika
* Stadtpläne und Landkarten
* kleine Läden, in denen es nur das gibt, was draußen dran steht (heute gibt es im Supermarkt DVDs, im DVD-Laden T-Shirts und überhaupt überall alles und das in Massen)

Und dieses Wochenende retten wir jetzt schon mal die Briefe

Was ihr dazu braucht?
* Briefpapier (gekauft oder selbst gestaltet)
* Kuverts (Kuverts kann man übrigens auch selbst falten: aus den Seiten einer Modezeitschrift, aus Weltkarten oder aus Zeichnungen eurer Kinder)
* Füller oder andere schöne Stifte (vielleicht schreibt ihr auch mal mit Feder und Tinte)
* Adressbuch (wäre es mal wieder an der Zeit, ein neues Adressbuch anzulegen?)
* Briefmarken

Und schon geht es los. Jedes Familienmitglied sucht sich jemanden aus dem Adressbuch aus, dem es einen Brief schreiben will. In wunderschönster Handschrift natürlich. Schreibt, wie es euch geht, was ihr so macht und warum ihr heute einen Brief schreibt, und schließt den Brief mit den Worten: »Über eine Antwort würde ich mich sehr freuen.« Denn Briefe zu bekommen, handgeschriebene schöne Briefe – ist genauso schön wie Briefe zu schreiben.

Ein Brief an euch selbst

Schreibt doch mal einen schönen Brief an euch selbst: »Liebes Ich ...« Schreibt über eure Gedanken, eure momentanen Vorlieben und darüber, wie euer Leben so ist. Und dann schreibt ihr, was ihr gern in naher Zukunft erreichen wollt, wo ihr vielleicht mal hinreisen wollt oder welche Pläne ihr sonst noch habt. Die Kinder können auch schreiben, was sie später einmal werden wollen und wie sie sich ihr Haus und überhaupt ihr Leben vorstellen. Stellt eurem zukünftigen Ich ein paar Fragen. Vielleicht legt ihr eine Haarlocke, ein Foto, einen Zeitungsartikel von heute oder etwas Ähnliches bei. Und dann verschließt und versiegelt den Brief und legt ihn irgendwohin, wo ihr ihn vielleicht in zehn Jahren wiederfinden könnt (Speicher, Keller, Tagebuch?).

An Freunde schreiben

Schreibt ein paar Briefe und werft sie direkt bei Freunden und Nachbarn ein. Dann seid ihr auch noch der eigene Postbote. Die Kinder könnten sich ein Zigarrenkistchen anlegen, in dem die Antwortbriefe (die hoffentlich in Scharen kommen) hineingelegt und gesammelt werden können. Oder klebt die Briefe, die ihr bekommt, in ein Heft ein – so, dass ihr sie immer wieder aus dem Kuvert nehmen und lesen könnt. Ihr könnt die Briefe auch an einer Schnur durch das Wohnzimmer hängen. Je mehr Briefe ihr schreibt, umso mehr Antwortbriefe könnt ihr erwarten. Trotzdem rate ich euch, nicht massenhaft Briefe zu verschicken, denn dann gibt man sich meist nicht mehr so große Mühe.

Brief an den Postboten

So ein Postbote hat immer ganz schön viel zu tun. Und vielleicht kommt er am Abend heim und sieht in seinen Briefkasten und hat selbst keinen einzigen Brief bekommen. Das ist so traurig. Und deshalb schreiben wir heute auch noch einen Brief an den Postboten.

Beschwerde- und Lobbriefe

Oder schreibt mal einen Brief an die Bundeskanzlerin. Was stinkt euch in eurem Land, was findet ihr gut? Schreibt doch mal einen Beschwerdebrief. Irgendetwas wird euch sicher einfallen, worüber ihr euch immer ärgert. Jetzt ist die Gelegenheit dazu. Raus damit. Oder einen Leserbrief an eine Zeitschrift. Oder einen Lobbrief. Oder einen Brief an eine Nachbarin, die sich immer über eure Kinder beschwert.

> Lieber Postbote,
> wie geht es Dir? Mir geht es gut. Das Wetter bei uns ist schön. Wie ist das Wetter bei Dir? Ist es eigentlich anstrengend, so viele Briefe zu verteilen? Liest Du eigentlich die Postkarten?
>
> Viele freundliche Grüße
> Dein Briefeschreiber

An die Eltern

Liebe Eltern, schreibt euch doch mal einen Liebesbrief. Schreibt einfach mal auf, was ihr aneinander liebt und warum es so schön ist, zusammen zu sein! Ihr könnt natürlich auch Liebesbriefe an eure Kinder schreiben. Denn es tut immer gut, auch einmal schwarz auf weiß zu lesen, warum man geliebt wird.

Briefmarkenalbum

Vielleicht habt ihr auch Lust, mit den Kindern ein Briefmarkenalbum anzulegen. (Briefmarken sterben übrigens auch bald aus, denn es gibt fast nur noch die Aufkleber und nicht mehr die Anschleckbriefmarken.)

Adressbuch

Legt doch ein neues Adressbuch an. Notiert darin nicht nur die Adressen eurer Freunde und Verwandten, sondern auch, wann sie Geburtstag haben und vielleicht sogar, welche Vorlieben sie haben – so könnt ihr leicht ein passendes Geschenk für sie finden, wenn es so weit ist. Zum Beispiel: *Tante Hilde sammelt Eulen* oder *Onkel Heinz liebt Streuselkuchen.*

Briefe für die Katz

Man kann auch Briefe für die Katz schreiben. Das sind für mich Briefe, die ich in Gedanken an Leute schreibe, über die ich mich ärgere. Und wenn ich mich ganz viel ärgere, stehe ich sogar nachts auf und schreibe einen Brief. Da kommt dann mein ganzer Ärger rein. Ich schicke ihn natürlich nicht ab, denn solche Briefe sind wirklich für die Katz. Aber doch sinnvoll, denn der Ärger ist raus aus mir und im Brief. Zugeklebt und weg damit.

Und jetzt wünsche ich euch ganz viele liebe Antwortbriefe.

Wochenendtagebuch
Klebt ein paar Briefmarken ins Tagebuch, die euch gefallen.

WOCHENENDE NUMMER 48

Computer und Internet

Manchmal wünschte ich mir, der Computer wäre nicht erfunden worden – jedenfalls wenn ich daran denke, wie viel Zeit meine Kinder davor verbringen. Was haben wir damals in unserer Kindheit alles gemacht ... Für unsere Kinder ist der Umgang mit Computern ganz selbstverständlich. Und allmählich freunde ich mich auch mit diesem weißen Kasten in meinem Arbeitszimmer an. Denn auch ich entdecke so nach und nach vieles im Netz, das ich wirklich toll finde. Und die Welt wird so klein. Es scheint so, als rückten wir alle ein bisschen näher zusammen. Und wie mit allen Dingen, von denen man abhängig werden kann, seien es Schokoriegel, Fernsehen oder andere Laster, kommt es darauf an, wie und wie oft man den Computer benutzt.

Für mich sieht das so aus: Erst mal gibt es viele, viele andere Dinge, die ein Kind machen kann, bevor es sich an den Computer setzt. Trotzdem ist der Computer letztendlich nichts anderes als eine weitere Beschäftigungsmöglichkeit, neben Lego, Playmobil, Barbie, Lesen und Draußen-Spielen. Wenn man also alles gern macht und außerdem noch echte Freunde hat, finde ich, darf man auch mal Computer spielen. In der Grundschule hatten unsere Kinder eine Computerstunde pro Woche. Das war wie ein Gutschein. Es war kein Verbot, die Kinder haben sich auch nie beschwert, dass es so »wenig« ist. Sie durften ihre Computerstunde einlösen, wann sie wollten, und das hat völlig ausgereicht. Wie schon erwähnt, es gibt ja auch so viele andere Dinge, die man tun kann.

Wenn dann in der Pubertät Facebook, ein eigener iPod oder sogar ein eigener Computer dazukommt, müssen natürlich wieder andere Regeln aufgestellt werden. Ich empfehle euch aber in jedem Fall, Regeln zu machen, damit eure Kinder nicht verloren gehen in diesem riesigen Internetuniversum.

Kauft ein schönes Computerspiel – davon gibt es wirklich genug –, denn Grundschulkinder sollten noch nicht allein im Internet herumsurfen. Es gibt schöne Spiele, bei denen man zum Beispiel einen Zoo aufbaut und ganz nebenbei viel lernt über Tiere und deren Haltung. Achtet darauf, dass die Spiele dem Alter eurer Kinder entsprechen. Es gibt im Internet Listen der besten Spiele mit Altersangaben.

Um euren Kindern den richtigen Umgang mit dem Computer näherzubringen, könnt ihr an diesem Wochenende mit ihnen in die Internetwelt eintauchen. Immerhin gibt es da viel zu entdecken und es ist für jedes Alter etwas dabei. Hier meine Vorschläge:

YouTube

Hier gibt es wirklich lustige Videos, da hat die ganze Familie etwas zu lachen. Wenn ihr schon größere Kinder habt, die sich auskennen, dann erlaubt doch jedem reihum, seine Lieblings-YouTube-Videos zu zeigen. Sucht doch einmal nach den Werbespots aus eurer eigenen Kindheit, da gibt es einige, die sehr sehr lustig sind. Es gibt auch komische Neusynchronisationen von berühmten Filmszenen.

Wie kommt man an die besten Clips? Geht auf die Startseite von YouTube, da kommen die beliebtesten Videos aus jeder Kategorie.

Man kann auf YouTube auch alles Mögliche lernen. Zum Beispiel ein Stück auf der Gitarre oder irgendeinem anderen Instrument.

Man kann auch lernen, wie man die schönsten Frisuren macht oder wie man eine lustige Torte backt. Oder Jonglieren oder, oder, oder ...
Und wenn ihr Lust habt, dreht doch selbst mal einen kurzes Video und stellt es auf YouTube. Und seid gespannt, wie viele Klicks ihr in den nächsten Tagen bekommt.

Skype

Habt ihr Freunde oder Verwandte im Ausland oder in einer anderen Stadt? Dann nehmt euch doch einmal die Zeit, mit ihnen zu skypen, statt zu telefonieren.

E-Cards

Es gibt ein paar lustige Glückwunschkarten, bei denen man sein eigenes Gesicht in lustige Körper einsetzt. Zum Beispiel Elf yourself. Allein das Ausprobieren der verschiedenen Tänze dieser Elfen macht wirklich großen Spaß ...

Google Earth

Ein Spaziergang um die Welt! Reist doch mal im Internet durch die Welt. Findet ihr euer eigenes Haus? Oder das Haus von Oma und Opa? Sucht nach euren letzten Urlaubsorten. Mit Google Earth könnt ihr auch unter den Meeresspiegel reisen und euch das Gelände unter Wasser ansehen. Ihr könnt auch historische Bilder der Erde ansehen. Markiert doch alle Orte, an denen ihr bereits wart. Von vielen Städten gibt es 3-D-Ansichten. Ihr könnt auch Sonnenaufgänge und -untergänge beobachten. Und sogar den Mond erkunden, wenn ihr von der Erde genug habt.

Musik

Ihr findet im Netz auch kostenlose Programme, mit denen ihr eigene Musik komponieren könnt. Das geht ganz leicht. Komponiert doch mal einen Song!

Fragen stellen

Ich finde es immer wieder erstaunlich, dass es auf fast jede Frage im Internet eine Antwort gibt – und zu fast jeder Antwort eine Diskussion. Gebt einfach mal eine Frage in eine Suchmaschine ein und guckt, ob was rauskommt. Zum Beispiel: »Warum stoßen Vögel beim Fliegen nicht zusammen?« oder »Warum ist Wasser blau?« oder »Warum haben Fische Schuppen?« oder »Warum ist die Banane krumm?« oder »Was ist eigentlich das Gegenteil von ›durstig‹?«

Bilder

Genauso erstaunt mich immer die Vielzahl der Bilder, die auf eine Suchanfrage hin erscheinen. Also einfach mal »Katze mit Hut« in die Suchmaschine eingeben und dann auf »Bilder« gehen – sofort erscheinen unzählige Bilder mit Katzen, die einen Hut aufhaben oder auch eine Katze auf dem Kopf eines Mannes – eben ein Katzenhut! Wenn man »Frosch« und »Fisch« eingibt, bekommt man Bilder von Fröschen, die einen Fisch im Maul haben oder umgekehrt. Es ist einfach unglaublich! Wenn ihr eine Jahreszahl eingebt, könnt ihr euch ansehen, wie man in dieser Zeit ausgesehen hat.

Namen eingeben

Gebt doch mal eure Namen ein, vielleicht gibt es noch mehr Menschen, die mit eurem Namen herumlaufen. Oder vielleicht hat ja jemand über euch etwas in Wikipedia geschrieben.

Eigene Homepage erstellen

Habt ihr nicht Lust, eine eigene Homepage zu erstellen? Oder einen Blog zu beginnen? Dann mal los! Es gibt viele kostenlose Programme, die man benutzen kann und die relativ einfach zu bedienen sind. (Ich sage relativ – weil ich ja nicht weiß, wie gut ihr in solchen Dingen seid.)

Tipp für Familienseite

Eine schöne Familienseite im Internet ist die vom Labbé Verlag – www.labbe.de. Da gibt es ein Kinderforum, einen Lesekorb, Lerntricks, Spiele, Basteleien, alles über die Jahreszeiten, Lieder und Kunst. Und die Seite ist auch noch superschön gestaltet, finde ich.

Manchmal macht mir das Internet Angst. Ich fühle mich so klein und verloren. Alles findet im Netz statt. Man trifft dort Freunde, man lernt Gitarre spielen, man braucht keine Telefonbücher mehr, keine Stadtpläne aus Papier und keine dicken fetten schönen Lexika in vielen Bänden mehr, die gut nach Buch riechen, denn alles, alles, alles kann man im Computer lesen, lernen und machen.

Manchmal finde ich das alles aber auch faszinierend. Aber wo führt das hin? Werden wir bald nicht mehr in Geschäften einkaufen? Keine Briefe mehr schreiben und auch immer seltener Freunde im wirklichen Leben treffen? Können wir noch unterscheiden zwischen echten Freunden und Facebookfreunden? Wie viel Computer muss sein? Wie viel Computer darf sein? Ich drücke euch die Daumen und hoffe, dass eure Kinder einen guten Umgang mit den Medien lernen und nie vergessen, dass es noch so viele andere schöne Dinge gibt, die man machen kann – in der wirklichen Welt.

Wochenendtagebuch

Habt ihr heute eine neue Lieblingsseite gefunden? Oder ein Lieblings-YouTube-Video?

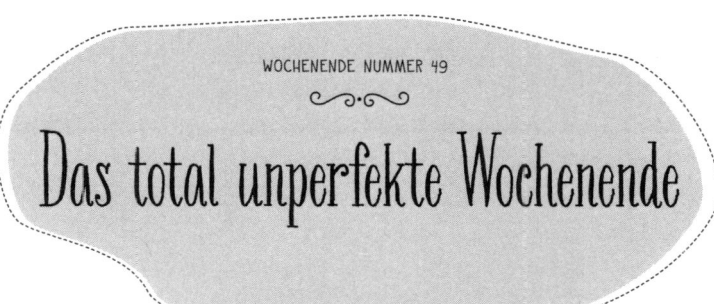

WOCHENENDE NUMMER 49

Das total unperfekte Wochenende

Manchmal geht ein Wochenende total schief. Auch (oder gerade) wenn man sich wünscht, am Sonntagabend ins Bett gehen und denken zu können: Das war ein perfektes Wochenende. Was ist denn schon perfekt? Alles soll immer perfekt sein. Aber nichts und niemand ist perfekt. Und deshalb wird dieses Wochenende ein perfektes unperfektes Wochenende.

Und das geht so:
* Jeder frühstückt dann in der Küche, wenn er eben aufwacht.
* Niemand räumt auf. (Wozu ist der Montagmorgen da?)
* Alle laufen in Schlabberklamotten herum.
* Gekocht wird aus Resten – alles, was im Kühlschrank so zu finden ist.
* Esst, wann ihr wollt und wie ihr wollt.
* Habt keinen Plan.
* Lasst euch treiben.
* Lümmelt herum.
* Hängt herum.
* Tanzt unkoordiniert.
* Fernseher an und zappen.
* Jeder wurschtelt so herum – macht, was er eben gern machen mag.
* Macht einen Kopfstand und betrachtet die Welt verkehrt herum.
* Geht raus, wenn es regnet; bleibt im Haus, wenn die Sonne scheint.
* Legt euch am helllichten Tag ins Bett und lest.
* Gummistiefel bei 20 Grad anziehen? Warum nicht?

> **Wochenendmottos**
> Abwarten und Teetrinken
> Lass liegen, tritt sich fest
> Probier's mal mit Gemütlichkeit

* Beginnt etwas und macht es nicht fertig.
* Ein Samtkleid auf den Spielplatz anziehen? Okay!
* Ein Loch in der Socke? Na und?
* Jacke falsch geknöpft – gut so!
* Ein schräges Lied singen – juhu!
* Eine seltsame Geschichte erzählen, die keinen Sinn ergibt – nur zu!

Macht, was ihr wollt und wie es euch gefällt. Und erlaubt dies auch euren Kindern. Dann liegt ihr Sonntagabend ganz bestimmt im Bett und sagt: »Was für ein herrlich unperfektes Wochenende!«

Wochenendtagebuch

Und, wie war's?

WOCHENENDE NUMMER 50

Geschenketage

Beschenkt werden ist etwas Wunderbares, aber Schenken ist noch viel wunderbarer. Vielleicht habt ihr Lust, ein Verschenkwochenende zu machen. Zeigt euren Kindern, wie schön es ist, anderen eine Freude zu machen. Vielleicht steht auch Weihnachten vor der Tür und ihr habt keine Lust, euch im Einkaufsgetümmel in der Stadt zu drängeln. Vielleicht gibt es dieses Jahr einfach »nur« Selbstgemachtes. Vielleicht ist aber auch gar kein Fest in der Nähe und man erklärt den Tag ganz einfach zum Geschenketag.

Selbst gemachte Geschenke kommen von Herzen und sind mit Liebe gemacht.

Wie sagte neulich mein Mann auf meine Frage: »Schahatz, macht es dir was aus, wenn die Hemden heute nicht so hundertprozentig ordentlich gebügelt sind?« Ich muss dazu sagen, wir bügeln beide, aber mein Mann bügelt wesentlich besser und exakter. Allerdings braucht er auch viel länger als ich.

Jedenfalls sagte er: »Nein, Hauptsache, sie sind mit Liebe gebügelt.« Ich wurde stinksauer. War ich doch total im Stress. So viele Dinge mussten erledigt werden, da konnte er doch unmöglich von mir verlangen, auch noch mit Liebe seine Hemden zu bügeln. »Tut mir leid,

> **Und was kann man alles so backen, basteln und wichteln?**
>
> Zum Beispiel: Kuchen, Pralinen, Cakepops oder Cupcakes, Marmelade, Gemüsechips (aus Auberginen, Zucchini oder Kartoffeln), Trockenobst, Apfelmus, Lavendelsäckchen, Schlüsselanhänger, Handytäschchen, Lesezeichen, Wärmflaschenhülle, Gutscheinkalender über zwölf Monate, Zündholzschachtelmäusebettchen oder kleine Landschaften in Zündholzschachteln, selbstgefädelte Ketten und Armbänder und so weiter und so weiter ...

Schatz«, sagte ich, »ich backe vielleicht mit Liebe und ich koche auch hin und wieder mit Liebe, aber du kannst nicht auch noch von mir verlangen, dass ich mit Liebe bügle!« Dann war erst mal Stille. Während mir nun ganz heiß wurde von dem ganzen Dampfbügeleisendampf, dachte ich, dass auch ich vielleicht mehr Spaß am Bügeln hätte, wenn ich etwas Liebe statt Stress in die Arbeit steckte. Also entspannte ich mein Gesicht und bügelte, so gut ich konnte, mit LIEBE. Und glaubt es oder glaubt es nicht. Die Hemden wurden schneller glatt und viel schöner. Ich schrieb dann noch ein kleines Schildchen und heftete es an die Kleiderbügel: »Mit Liebe gebügelt«.

Meine Familie und ich haben den Geschenketag übrigens Wichteltag genannt. Weil wir so fleißig waren wie kleine Weihnachtswichtel.

Und schon geht es los

Auswählen, was gewichtelt werden soll, Einkaufsliste schreiben, einkaufen, Basteltisch im Wohnzimmer herrichten und die Küche für die vielen Familienköche vorbereiten. Nebenbei eine schöne CD mit Musik oder einem Hörspiel laufen lassen.

In der Küche muss natürlich immer wieder probiert werden, da kommen dann alle zusammen, wenn nicht sowieso schon alle zusammen kochen und backen. Aber vielleicht sitzt ein Teil der Familie ja auch schon am Basteltisch und werkelt. Und dann müssen die gebastelten und gebackenen Geschenke auch noch schön eingepackt werden. Vielleicht auch noch mit Namensschildchen versehen. Oder

stempelt doch die Worte: »Mit Liebe gemacht« darauf. Welches Geschenk ist für wen?
Dann könnt ihr die Geschenke in einen großen Korb packen und austragen. Oder in Päckchen packen und zur Post bringen. Päckchen bekommen ist nämlich auch wunderbar.

Wochenendtagebuch

Und wer hat sich nun am meisten gefreut? Gab es einen Freudensprung oder vielleicht sogar Freudentränen? Und wie fühlt ihr euch so? Nach all der Arbeit und all den verschenkten Dingen? Ich hoffe doch großartig!

WOCHENENDE NUMMER 51

Das märchenhafte Wochenende

Es war einmal ein Wochenende, das war einfach märchenhaft! Vorbereitung am Freitag: Märchenbücher aus der Bücherei ausleihen.

Märchen erzählen

Gestaltet eine Märchenerzählecke im Kinderzimmer. Dazu könnt ihr einen Sonnenschirm aufspannen und Tücher daran befestigen. In dieses »Zelt« legt ihr nun viele Kissen, damit es richtig gemütlich wird. Eine Lichterkette sorgt für die Beleuchtung. Habt ihr einen Zylinderhut? Der Erzähler oder Vorleser sollte immer einen Hut aufhaben (klingt irgendwie märchenhafter – bitte die Worte »sollte immer einen Hut aufhaben« mit einem leichten Timbre in der Stimme sprechen). Wenn Sommer ist, könnt ihr auch ein Zelt im Garten oder auf dem Balkon aufbauen und gemütlich herrichten.

    Und jetzt werden erst einmal gemütlich Märchen erzählt oder vorgelesen. Das Erzählen hat einen ganz eigenen Charme. Denn man kann so die Märchen, je nachdem wie alt die Zuhörer sind, auch etwas abwandeln. Ihr könnt sie zum Beispiel der heutigen Zeit anpassen. Da föhnt dann Rapunzel schon mal ihre Haare nach dem Waschen und der Prinz kommt mit dem Motorrad angefahren. Vielleicht sagt Hänsel zu Gretel: »Guck mal, Gretel, das coole Hexenhaus!« Und Gretel sagt zu Hänsel: »Und die Hexe ist echt abgefahren!«

    Was ist, wenn Dornröschen nach 100 Jahren aufwacht und alles ist anders – plötzlich gibt es Autos und Handys und Flugzeuge? Vielleicht

macht Aschenputtel auch bei *Germany's Next Topmodel* mit und verliert auf dem Laufsteg ihren Schuh? Der Prinz (in der Jury) läuft ihr nach …
Oder ihr würfelt die Märchenfiguren durcheinander und erfindet ein neues Märchen. Was würde denn passieren, wenn die sieben Zwerge auf Frau Holle treffen und alle sieben Betten schütteln?

Spielen
Märchen mit kleinen Fehlern erzählen

Einer erzählt ein Märchen und baut kleine Fehler ein. Zum Beispiel: »Es war einmal ein Mädchen, dessen Haut war so weiß wie Schnee, die Haare so schwarz wie Ebenholz und die Lippen so grün wie Frösche …« Die Zuhörer werden zu Märchendetektiven und müssen die kleinen Fehler aufspüren.

Märchen raten

Jeder spielt pantomimisch ein Märchen vor und die anderen müssen erraten, um welches Märchen es sich handelt.

Was wäre, wenn ich König wär …?

Bastelt eine Krone aus Papier oder Pappe und setzt euch dann in einen Kreis. Die Krone geht reihum und jeder, der sie aufsetzt, fängt mit den Worten an: »Wenn ich König wäre …« Dieses Spiel wird genauso wie »Ich packe meinen Koffer« gepielt. Dazu müsst ihr dann immer das, was die »Könige« vor euch gesagt haben, noch einmal wiederholen und zum Schluss noch eine eigene Idee anhängen.

Märchen erfinden

»Es war einmal …« Und wie geht es weiter? Einer fängt mit diesen Worten an, der Nächste erfindet einen Satz dazu und so weiter. Mal sehen, was für ein Märchen eure Familie erfindet.

Wer bin ich?

Dieses Spiel kann man auch mit Märchenfiguren spielen. Jeder Spieler bekommt einen Post-it-Zettel auf die Stirn geklebt, auf der eine Märchenfigur steht. Die haben die anderen Mitspieler natürlich heimlich auf den Zettel geschrieben. Nun muss jeder nacheinander

> **Essen**
> Essen könnt ihr an diesem Wochenende Pilzgerichte *(Hänsel und Gretel)*, Gugelhupf *(Rotkäppchen)*, Erbsensuppe *(Die Prinzessin auf der Erbse)*, selbst gebackenes Brot *(Die Sterntaler)*, Brei *(Der süße Brei oder Goldlöckchen und die drei Bären)* oder Froschschenkelsuppe *(Der Froschkönig)* (Scherz).

Fragen zu seiner Person stellen: Bin ich weiblich? Bin ich ein Tier? Bin ich hübsch? Bin ich böse? Man darf so lange fragen, bis man auf eine Frage ein Nein von den Mitspielern bekommt. Dann ist der Nächste an der Reihe. Wer seine Märchenfigur als Erster errät, hat gewonnen.

Und was noch?
Märchenhafte Fotos
Stellt Szenen aus euren Lieblingsmärchen nach und fotografiert sie. Vielleicht wird ein Foto von eurer Tochter als Schneewittchen, die den roten Apfel hält, oder als Alice im Wunderland mit weißem Stoffkaninchen oder auf vielen Matratzen als Prinzessin auf der Erbse oder von eurem Sohn als Drachenkämpfer (Papa als Drache?) als Postkarte an Freunde verschickt!

Märchenbett
Vielleicht möchten eure Kinder Prinzessinnenbetten. Dann befestigt doch einen Baldachin oder ein Mückennetz über dem Kinderbett.

Diener und König
Je eine Stunde spielt einer den Diener für den anderen, der der König ist. Danach werden die Rollen getauscht.

Märchenbilder
Vielleicht haben die Kinder Lust, Bilder zu den erzählten oder vorgelesenen Märchen zu malen.

Über Märchen sprechen
★ Welche Märchenfigur wäre ich am liebsten?

* Was macht ein Märchen aus?
* Gibt es neue Märchen? Nein? Warum nicht?
* Wo gibt es heute noch Prinzessinnen und Prinzen? Was macht einen Prinzen aus? Wie verhält man sich als Prinzessin? (Ich wollte ja immer von Beruf Prinzessin werden – hat leider nicht geklappt!)
* Wie würden wir sprechen, wenn wir im Märchenland leben würden? (Worschoinlich sör vornöhm.)
* Wie knickst man? Wie geht ein Handkuss?
* Was wäre denn, wenn unser Land einen König hätte?

Ein Schloss besuchen

Vielleicht besucht ihr ein Schloss und nehmt an einer Führung teil. Es gibt ein paar richtige Märchenschlösser! Und sogar eine Märchenstraße. Die verläuft von Hanau bis nach Bremerhaven. Die Straße ist über 600 Kilometer lang und man durchfährt circa 70 märchenhafte Ortschaften. Es gibt auf der Strecke sogar ein Märchenmuseum und man kann in Hanau das Geburtshaus der Gebrüder Grimm sehen. Und überall kann man Märchenfiguren entdecken.

Das Wochenende endet am Sonntagabend mit: »Und wenn sie nicht eingeschlafen sind, so erzählen sie noch heute märchenhafte Märchen.«

Wochenendtagebuch

Wenn ihr König wärt, was würdet ihr befehlen? Was ändern?

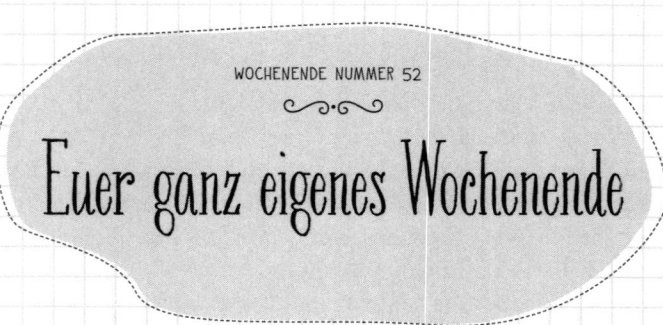

WOCHENENDE NUMMER 52

Euer ganz eigenes Wochenende

Hier bleibt jetzt einfach mal Platz für euer ganz eigenes Wochenende. Ihr habt sicher noch eine Idee, die ich vergessen habe, oder die so speziell ist, dass sie nur eure Familie verwirklichen kann. Setzt euch zusammen und überlegt einmal und dann schreibt sie auf diese leeren Zeilen. Und vielleicht könnt ihr am Sonntagabend den Eintrag mit einem Foto ergänzen. Viel Spaß bei diesem und all euren Wochenenden mit eurer Familie!

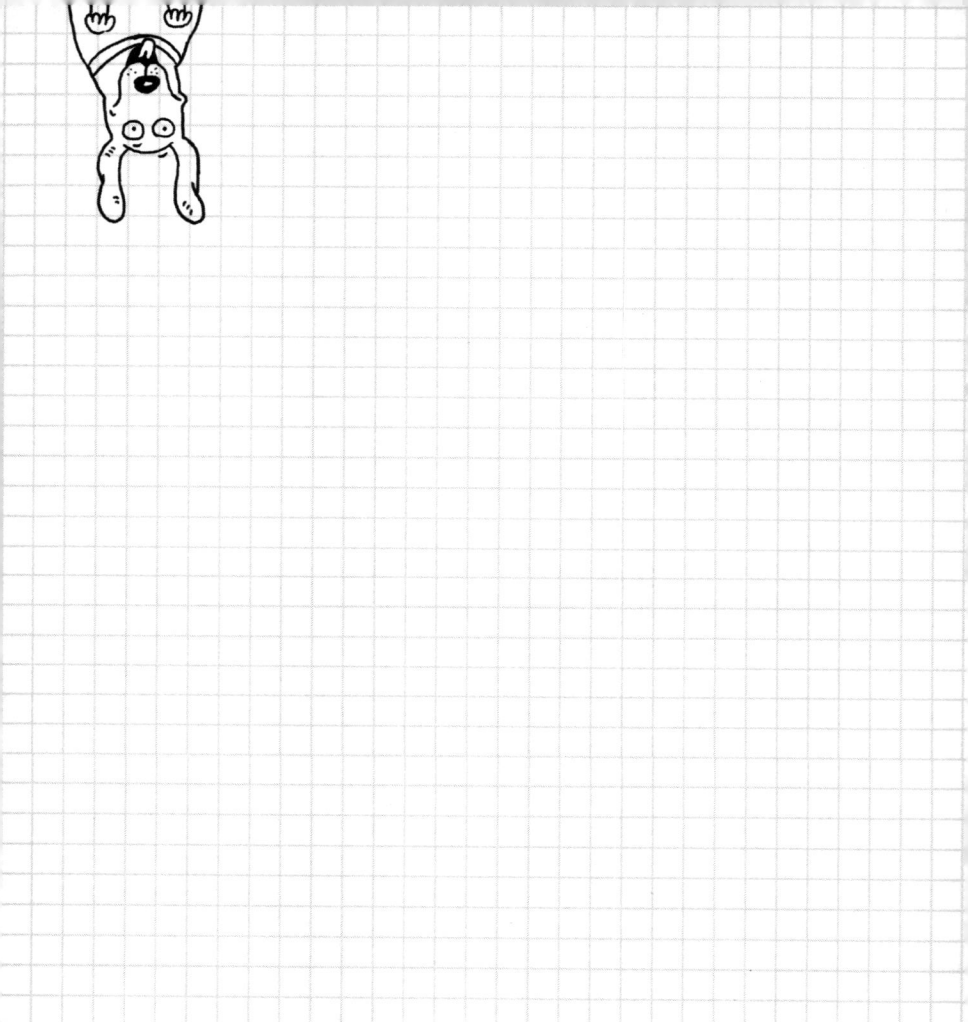